101 CRÔNICAS
escolhidas

LUÍS ERNESTO LACOMBE

101 CRÔNICAS
escolhidas

LVM
EDITORA

SÃO PAULO | 2023

Copyright © Luis Ernesto Lacombe
Copyright da edição © LVM Editora

Os direitos desta edição pertencem à LVM Editora, sediada na
Rua Leopoldo Couto de Magalhães Júnior, 1098, Cj. 46 - Itaim Bibi
04.542-001 • São Paulo, SP, Brasil
Telefax: 55 (11) 3704-3782
contato@lvmeditora.com.br

Gerente Editorial | Chiara Ciodarot
Editor-chefe | Pedro Henrique Alves
Revisão | Ana Júlia Olivieri
Preparação de texto | Alexandre Ramos da Silva
Projeto gráfico | Mariangela Ghizellini
Diagramação | Décio Lopes

Impresso no Brasil, 2023

Dados Internacionais de Catalogação na Publicação (CIP)
Angélica Ilacqua CRB-8/7057

L146c	Lacombe, Luís Ernesto
	101 Crônicas Escolhidas / Luís Ernesto Lacombe. 1ª edição – São Paulo: LVM Editora, 2023.
	256 p.
	ISBN 978-65-5052-075-5
	1. Crônicas brasileiras I. Título
23-1831	CDD B869.3

Índices para catálogo sistemático:

1. Crônicas brasileiras

Reservados todos os direitos desta obra.

Proibida a reprodução integral desta edição por qualquer meio ou forma,
seja eletrônica ou mecânica, fotocópia, gravação ou qualquer outro meio
sem a permissão expressa do editor. A reprodução parcial é permitida, desde
que citada a fonte.

Esta editora se empenhou em contatar os responsáveis pelos direitos autorais
de todas as imagens e de outros materiais utilizados neste livro. Se porventura
for constatada a omissão involuntária na identificação de algum deles,
dispomo-nos a efetuar, futuramente, as devidas correções.

SUMÁRIO

Primeiras colunas 11

   1. Ilhéu de coração 13

   2. Honra e caráter 15

   3. Farinha d'água 18

Menos Estado, por favor 21

   4. Fim das contas 23

   5. Uma grande mentira 25

   6. Mulheres em cotas 27

   7. Fracassos à vista 29

Os Superiores e os Supremos 31

   8. Dentro da lei 33

   9. Democracia em cinzas 35

  10. Leis e coerências 37

  11. Desejos levianos 39

  12. Togas, lagostas e vinhos 41

  13. Réu confesso 43

  14. Juízes, verdades e democracia 45

  15. Quando? Quem? Por quê? 47

  16. O caminho, a verdade e a vida 49

  17. Turnê mundial 51

  18. Os Todo-poderosos 53

  19. Mané é Mané 55

Cancelamento, Banimento, Censura ... 57

20. O duplo padrão ... 59
21. Tudo ou nada ... 61
22. Liberdade de pensamento ... 63
23. Quem pode escapar? ... 65
24. Leis e leões ... 67
25. Um instinto assassino ... 69
26. Sigiloso ou não sigiloso? ... 71
27. O fôlego da verdade ... 73
28. Do que posso falar? ... 75
29. Democracia e censura ... 77
30. O Rei dos porões ... 79
31. A Turma dos fofinhos ... 81
32. Há loucos no poder ... 83
33. As camadas de censura que vão nos proteger ... 85

Jornalismo ... 89

34. Nós, os jornalistas ... 91
35. O grande fascista ... 93
36. Longe da verdade ... 95
37. Tadinhos de nós ... 98
38. Sobre um cartaz ... 100

Pandemia e Tirania ... 103

39. Tome um sorvete ... 105
40. O voto é vacina ... 107
41. Quem é negacionista? ... 109
42. Toda vida importa ... 111

43. Ressuscita-me! 113

44. Sem home e sem office 115

45. CPI da Gororoba 117

46. Um tempo vagabundo 119

47. Parem a ladainha 121

48. A CPI dos "Coroné" 124

49. Reino dos absurdos 126

50. Quem vai contar? 128

51. Podemos perguntar? 130

52. O país do carnaval 132

Mundo de Mentiras 135

53. Mentiras como contraponto 137

54. Desigualdade ou pobreza? 139

55. Para nocautear narrativas 141

56. Desonestidade, incompetência e censura 143

57. Foice, martelo e pedras 145

58. Contradições e enganações 147

59. Os campeões de mentiras 149

60. Os deuses imbecis 151

61. Conclusão fatal 153

62. Ciranda, cirandinha 155

Fim de Ano 157

63. A sua retrospectiva 159

64. Almoço de Natal 161

65. Lista de desejos 163

66. Depende de nós 165

67. Deixei meu sapatinho 167

Globalismo? Não. 169

68. Nova Guerra Fria 171
69. A grande ameaça 173
70. Soberania e coletivismo 175

Gênero Humano 177

71. Iguais nas diferenças 179
72. Heróis da Desistência 181

Tudo contra Bolsonaro 183

73. Nunca grite lobo 185
74. Golpes em curso 187
75. A paixão invertida 189
76. As nossas liberdades 191
77. Conciliação e paz 193
78. Começar de novo 195
79. Proposta de conciliação 197
80. Cadê o criminoso? 199
81. Ponto e contraponto 201
82. Podemos ser otimistas? 203

Eleições 2022 205

83. Descanso mínimo 207
84. Assentamentos de mentiras 209
85. Caipirinha de chuchu 211
86. Com amor e carinho 213
87. Mentiras, bobagens e gafes 215
88. Ruas e urnas 217

89. Os seis tapinhas 219

90. Perigo, perigo 221

91. Por amor ao Brasil 223

92. Última chamada 225

93. Tramoia Futebol Clube 228

Os Desastres anunciados e consumados 231

94. Pacheco, camisa 171 233

95. A Idade da pedra 235

96. Quebra-quebra das leis 237

97. As piadas sem graça da economia 239

98. Como era bom o Brasil 241

99. Tudo por um bem maior 244

100. Lula, imprensa e mentiras 246

101. A gangue do Qin e uma lista de malvados 248

LACOMBE
LACOMBE
LACOMBE
LACOMBE

Primeiras colunas

1. ILHÉU DE CORAÇÃO

[01/08/2020]

Nasci no Rio de Janeiro, há 54 anos. Sou "carioca da gema", como diziam antigamente, mas tenho uma segunda cidade: Florianópolis! Sim, me considero ilhéu de coração. E o que trago de mais característico de um ilhéu, acho, é meu jeito contemplativo. Alguém já disse que aqueles que vivem em cidades com uma baía tendem a ser mais dados à contemplação. Imagine os moradores de Florianópolis, cidade com duas baías... Sou pensativo e de paz. Lamentos eventuais são sempre vencidos pela certeza de que tudo, mais cedo ou mais tarde, vai se ajeitar.

Cheguei a Florianópolis em sete de novembro de 1992. A ponte Hercílio Luz, interditada no ano anterior, me recebeu tristonha, mas meu coração vibrava de paixão. O poeta Dante Milano me veio à cabeça, ainda que fosse cedo para um sentimento não idealizado: "Amor muito maior / É amar uma cidade!". Com esses versos se impondo, rumei para a Prainha. Meu primeiro endereço em Floripa foi o Hotel Veleiro. Morei ali cinco meses, com uma bela vista da Baía Sul e da ponte Hercílio Luz. Eu me sentia livre, no colo do mar.

Contratado pela antiga RBS TV, cheguei à emissora como repórter e logo passei a apresentador. Meus colegas de emissora acharam muito estranho quando aluguei uma casinha no Cacupé. Não porque ela fosse pequena e desajeitada. O problema era a distância em relação ao Centro. Naquela época, quase ninguém morava nas praias. Pois

Cacupé, ainda com estrada de chão, me encantou. Para um carioca, o caminho até o Morro da Cruz era curto, e eu ainda subia até a emissora pelo Morro do Horácio.

Tive a sorte de conviver com figuras como Zé do Cacupé, manezinho típico. Ouvi com prazer suas histórias, naquele falar acelerado. Fui muito próximo do Ireni, que tocava o Restaurante do Neri, nome do irmão dele. Quando comecei a namorar minha mulher, uma gaúcha que se mudara para a Ilha antes de mim, Ireni me ajudou a conquistá-la. Quando eu saía do Cacupé para o Centro, onde Gisa morava, pegava no restaurante dele um saco plástico com doze ostras bem escolhidas e alguns cubos de gelo. Aquilo me garantiu pontos na conquista amorosa. Agradeço ao Ireni pela colaboração... Já são 27 anos de casamento, numa história que começou na Praia Mole, onde Gisa e eu nos conhecemos.

Nem o Vento Sul impediu que minha paixão pela Ilha se transformasse em amor. Voltei ao Rio em 1997, rodei o Brasil, boa parte do mundo, a trabalho e a passeio. "O segredo dos longes procurando", diria Cruz e Sousa. Agora, nesta coluna, sinto-me perto de novo de Floripa, de sua gente, de tantos amigos. Quero sempre da Ilha a calma na medida exata e a esperança exagerada que sentia quando admirava, do meu apartamento na Presidente Coutinho, a vista parcial da Baía Norte, que me inspirou estes versinhos: Um pedaço de baía / vejo tranquilo, pairando, / o mar invadindo o dia, / como se fosse inundando / de imensidão e esperança / aquilo que a vista alcança.

2. HONRA E CARÁTER

[18/12/2020]

Desde pequeno leio jornais. Assim, no plural. Sou carioca, e meu pai era assinante do *O Globo*, considerado à época um jornal de direita. Nos fins de semana, depois de suas caminhadas pela praia, meu pai trazia para casa o *Jornal do Brasil*, que era de esquerda. Menino novo, eu não entendia muito bem as diferenças, mas percorria nos dois jornais os títulos, subtítulos e lia com atenção, às vezes com um dicionário ao lado, as matérias que me apresentavam o Brasil, o mundo, que encaixavam peças do quebra-cabeça que sempre quis montar.

Meu pai, que foi executivo de grandes empresas, era liberal. Meu avô materno, imortal da Academia Brasileira de Letras, intelectual católico, era conservador. Foram minhas maiores referências. Dessa forma, claro, eu me identificava muito mais com *O Globo*, mas nunca deixei de ler o *JB*. Isso me fez aprender rapidamente a refutar o que não considerava correto. Ganhei razoável capacidade de argumentação, sem olhar fixo em apenas uma direção, observando todos os lados de uma história, todos os personagens.

A convivência entre contrários não era tão difícil. É verdade que passei momentos tensos no colégio, em discussões com professores de História e Geografia. Eles trabalhavam incansavelmente pela doutrinação dos alunos. Rebatê-los, quando defendiam, por exemplo, a União Soviética, "o paraíso na Terra", exigia coragem, pela ameaça à autoridade em sala de aula e porque isso representava sério risco de o boletim vir com uma nota vermelha. Mesmo assim, não me curvei. Não fui calado, não fui "cancelado".

O que meus professores entenderam sempre me pareceu bem simples, sempre me pareceu óbvio: podemos não respeitar uma opinião, mas devemos sempre respeitar o direito do outro de ter opinião, mesmo que ela seja diferente da nossa. Os que não pensam como nós não são nossos inimigos. Eles reafirmam nossas bandeiras, nossos princípios, nossos valores. Podem servir como referência negativa, e não há problema nisso. Podem nos estimular, nos dar mais energia, mais vontade de crescer e melhorar, mas o foco não estará jamais em quem se opõe a nós, em quem é contra aquilo que defendemos.

Sim, há ideais macabros, há ideias perversas. Estão por todo canto, disfarçadas de virtudes, tentando se apropriar da bondade, da fraternidade, da solidariedade. São promessas de proteção e segurança, o início de toda tirania desde que o mundo é mundo. Contra elas temos muitos argumentos: o mundo real escancarado. E vamos à luta, respeitando as regras, com senso de justiça. Então, surgem os loucos, os covardes, que disparam com metralhadoras todo tipo de censura. Querem nos dizer o que é verdade e o que é mentira. Não importam os fatos, exigem nosso silêncio, uma espécie de morte. Jogam sobre nós "gigantes adormecidos"[1]. Tentam nos cercar, tirar nossos empregos, nos calar, nos "cancelar". Sobrevivem disso, de prejudicar quem não pensa como eles.

---

1. Referência a *Sleeping Giants*, organização esquerdista que diz combater anonimamente o que chama de *"fake news"* na internet, procurando desmoralizar, cancelar ou desmonetizar canais liberais e conservadores. (N. E.)

De minha parte, nunca precisei do fracasso de ninguém para nada. Nunca prejudiquei ninguém, no caminho para minhas conquistas. E já são 32 anos de jornalismo... Do menino que fui em dias distantes mantenho o olhar curioso e desconfiado. Nunca embarquei num mundo imaginário, em planos que não deram certo em lugar nenhum, em nenhuma época. Coleciono fatos, argumentos, amplifico minha voz, aumento a fonte das palavras que digito. Agora, com muito orgulho, aqui, na *Gazeta do Povo*, que leio diariamente há um bom tempo, linha por linha. Este jornal, há quase 102 anos, sabe muito bem do que se trata: é sobre liberdades, é sobre verdades, honra e caráter.

3. FARINHA D'ÁGUA

[05/12/2021]

Era um almoço comum de sábado na casa do meu melhor amigo, na Lagoa, bairro da zona sul do Rio de Janeiro. Tínhamos dez anos de idade, éramos colegas desde a alfabetização. Não lembro qual era o cardápio, algo trivial, se não fosse aquele pote grande de vidro sobre a mesa... Dona Juju, avó desse meu amigo, girou a tampa vermelha e me ofereceu a iguaria típica do seu estado, o Pará: farinha d'água. Leve, crocante, nunca esqueci a sensação de explosões na boca. Dona Juju, sempre doce e atenciosa, me ofereceu mais. Aceitei, claro!

Passaram-se trinta anos até que alguém despejasse de novo no meu prato aquela farinha mágica paraense... Eu era apresentador do *Esporte Espetacular* e estava em Belém para cobrir o GP Internacional de Atletismo, no Mangueirão. Era minha primeira vez na região amazônica, Na chegada, pela janela do avião, num sobrevoo quase infinito, aquela floresta toda já tinha me chacoalhado estranhamente. A descoberta de um mundo gigante, de como somos pequenos...

Também foi impossível não me emocionar no estádio tomado por torcedores. E não era futebol, o clássico entre Remo e Paysandu, era atletismo! Não me lembro de povo mais apaixonado por esporte, mais vibrante do que o paraense. Por sorte, como jornalista esportivo, estive em Belém mais duas vezes. Em 2012, convidado pelo Grupo Liberal, fui à cidade entregar o Prêmio Rômulo Maiorana aos melhores esportistas do Pará. E voltei para cobrir o jogo da seleção brasileira contra a Argentina, em 2011, o Superclássico das Américas. De novo, estádio lotado, e hino brasileiro cantado à capela, levando às lágrimas um jornalista veterano como eu e o jovem craque Neymar.

Na minha última visita a Belém, recebi dois pedidos de amigos do Rio. Um queria bombons de cupuaçu. O outro, o saudoso DJ Simpson, que fazia sucesso em festas cariocas, queria que eu garimpasse CDs de cantores e grupos musicais do Pará. Consegui com produtores locais um pen drive com cerca de 400 músicas: carimbó, tecnobrega, guitarrada, calypso, cúmbia, merengue... Só um pouquinho da força cultural paraense, que é imensa, que é amazônica.

Agora, eu chego ao Pará pelas páginas de um jornal com 75 anos de história: *O Liberal*. Criado para dar voz a um grupo político e, portanto, disposto ao debate. Ora, se não é disso que surgem as melhores respostas... O embate de ideias, opiniões contrárias, dúvidas, reflexões... Então, não troque nada disso por ódio, agressividade, desonestidade. Vamos conversar.

Apegado aos fatos, ao mundo real, lhes digo: precisamos de liberdade política, econômica, religiosa e de pensamento, de menos Estado na economia e nas nossas vidas... E tudo será sempre mais fácil, com um bocado de Pará. Precisamos muito do entusiasmo, da alegria, da criatividade, da fé e da esperança das pessoas desse estado gigante. E, Dona Juju, por favor, não esqueça: muita farinha d'água!

LACOMBE
LACOMBE
LACOMBE
LACOMBE

Menos Estado, por favor

4. FIM DAS CONTAS

[15/08/2020]

Simplificar as coisas pode ser bom ou pode ser ruim. A expressão "Você fica simplificando tudo!", de repente, dá a entender que alguém é superficial. Um tipo que foge do cerne da questão, do que realmente importa. Eu tento simplificar, no sentido positivo de tornar mais simples, mais fácil de entender, objetivo, direto, claro. E meu texto vai nessa linha, não dá muitas voltas, não faz analogias brilhantes, é um encaixe de palavras, seguido de uma boa enxugada. Como sou jornalista de televisão há 32 anos, é compreensível. Sou sucinto. Exceto neste primeiro parágrafo, é verdade, numa incoerência que não me é comum. Talvez pelo receio de simplificar tanto a questão de hoje e o texto não chegar ao mínimo de 2.700 caracteres (com espaços). E olha que o assunto é sério, muito sério.

No fim das contas, tudo se resume ao seguinte: menos Estado ou mais Estado. A escala seria assim: da inexistência do Estado, com os libertários, passando pelo Estado mínimo, ou mais ou menos enxuto, o Estado presente, o grandinho, o grande, o imenso, e, no grau máximo da escala, quando só há o Estado, com os comunistas. Basta olhar em volta, olhar no mundo e encontrar o que deu certo: menos Estado! Olha de novo... Menos Estado! Não há como acreditar num Estado tutor, pai de todos, fomentador de crescimento e desenvolvimento. Não funciona, nunca funcionou. Mesmo alguém que tenha enxergado no coronavírus um caminho para provar o contrário, no fundo, sabe disso: Estado tem que cuidar do essencial, gastar o mínimo possível, da melhor forma possível.

Não pode haver debandada de assessores, não pode haver resistência dentro do próprio governo ou resistência pesada no Congresso que tirem o ministro Paulo Guedes do caminho liberal. Nem cogitem romper o teto de gastos! Parem de pensar em eleições, em suas ambições políticas! Chega! Precisamos de muitas privatizações, guerra à burocracia, menos Estado! O Brasil tem que gastar menos e gastar melhor. Pensem na eficiência, na qualidade do gasto público. A gente até aceita um pouquinho mais de Estado, numa emergência de verdade... Agora, vamos às reformas estruturantes, tributária, administrativa, política, e que venha o capital privado. Desde o início, estava decidido que seria assim, não tem outro jeito. Sem papo mofado de capitalismo selvagem, por favor, vamos ao capitalismo com regras claras e concorrência leal.

Era esta a coluna de hoje, objetiva, clara, direta, como o é o ministro da Economia, Paulo Guedes. O texto poderia ter sido ainda mais sucinto, mais simples... Poderia ter apenas reforçado que é só olhar o mundo real para entender o que não podemos abrir mão de fazer e o que não devemos fazer de forma alguma. E, assim, neste último parágrafo, o mais curto, procuro uma frase que baste, que resuma tudo. Se os olhos preguiçosos, por acaso, escorregarem direto até a última sentença, que esteja tudo nela. Então, lá vai... Quando o Estado cresce, a gente desaparece.

5. UMA GRANDE MENTIRA

[22/07/2021]

O Estado... Você acredita nele? Acha mesmo que ele pode ser seu tutor, seu "pai", o "pai de todos"? Quantas promessas de salvação, de proteção e segurança você tem aceitado? Quanto da sua liberdade lhe retiraram, mas para "o seu bem"? Esse Estado fomentador de crescimento e desenvolvimento, onde e quando ele deu certo? É incapaz de criar riquezas, mal serve para distribuir as riquezas que, apesar de todo seu peso, ainda são criadas. Tem uma obesidade trilionária, que a Lei de Diretrizes Orçamentárias expõe por completo, quase de forma obscena.

O nome todo é Fundo Especial de Financiamento de Campanhas, mas pode chamar de Fundo Eleitoral. Querem R$ 5,7 bilhões para isso no ano que vem, um aumento de quase três vezes em relação a 2020. E nem falamos do Fundo Especial de Assistência Financeira aos Partidos Políticos, ou simplesmente Fundo Partidário, de R$ 1 bilhão, pago todo ano, não falamos do acesso gratuito ou subsidiado à mídia para partidos políticos... Eles não vivem sem o dinheiro dos outros, sem nosso dinheiro. Por que não fazem rifas, organizam eventos pagos, cobram taxas maiores de seus filiados?

Não tenho notícia de nenhum país que gaste tanto dinheiro público com campanhas eleitorais. O Tribunal Superior Eleitoral também leva uma bolada, mesmo num ano em que não há eleições. O Judiciário, de um modo geral, custa caro, muito caro. Está lá, na LDO: esse poder, que insiste em atropelar os outros dois — Executivo e Legislativo

—, vai nos custar no ano que vem R$ 44,2 bilhões. Sim, os atropelos à Constituição Federal, fatiamento de processo de *impeachment*, inquéritos esdrúxulos, censura a veículos de comunicação, a contas em redes sociais, prisão de jornalista, prisão de deputado federal, cerceamento ao direito de ir e vir, ao trabalho, tudo isso, de alguma forma, é o nosso dinheiro que financia.

E o Congresso Nacional? Precisamos mesmo de 513 deputados e 81 senadores? Não dá para diminuir esses números? E nossos parlamentares precisam de tantos servidores à sua volta, num total de funcionários maior do que a população da maioria das cidades brasileiras? Nosso Legislativo também é gastador... Vai nos levar, em 2022, R$ 12,8 bilhões. E ainda tem as emendas parlamentares, o dinheiro carimbado, gastos obrigatórios, tudo o que dificulta a melhoria da gestão. Fazer mais e melhor, gastando menos, é coisa de empresa privada, de capitalista selvagem... Viva o Estado!

Gostaria muito de evitar ironias e de vender todas as estatais, bancos públicos e Petrobras incluídos. Quem gosta de Estado poderia se contentar com o fim da imunidade tributária dessas empresas. Privatizadas, teriam, todas elas, de passar a pagar impostos... O processo tem sido lento, mas, pelo menos, o ingresso de servidores no governo federal tem caído de forma acentuada. Em 2014, a estocadora de vento contratou 40.717 pessoas. No segundo ano de Bolsonaro na presidência, o número de contratações caiu para 6.713. Para evitar o retrocesso, faça o seguinte: elimine nas urnas os adoradores do Estado. Eles defendem uma grande mentira.

6. MULHERES EM COTAS

[09/12/2021]

Circulou nas redes sociais, esses dias, trecho de sessão da Comissão de Constituição e Justiça, da Câmara dos Deputados. Discutia-se a PEC 18, que trata da participação das mulheres na política. A cota eleitoral já existe: a cada eleição, todo partido deve ter 30% de mulheres entre seus candidatos. Então, a elas sejam garantidos verba para campanha e também tempo de propaganda gratuita no rádio e na TV. E que uma parcela do bilionário Fundo Partidário seja usada na "criação e manutenção de programas de promoção e difusão da participação política das mulheres". Sim, porque, com mais mulheres na política, todos os nossos problemas estarão resolvidos. Ou não?

Talvez pudessem até pensar em mecanismos que criassem um Congresso formado pela mesma quantidade de homens e de mulheres. Meio a meio, na Câmara e no Senado. Bom, são 513 deputados e 81 senadores, números ímpares... Melhor que haja uma mulher a mais em cada Casa legislativa. É política, sabe? E, se não fosse, será que não deveríamos nos preocupar igualmente com o desequilíbrio entre os sexos? Não precisamos de mais mulheres na engenharia, estatística, matemática? E do outro lado, nas áreas majoritariamente ocupadas por mulheres? Não deveríamos ter mais homens na pedagogia, nutrição, fisioterapia?

Se é de igualdade que estamos falando, precisamos de mais mulheres no trabalho de mineração, nos canteiros de obra, nas oficinas mecânicas. Precisamos de mais homens nas creches, na enfermagem, no trabalho doméstico. Mais mulheres dirigindo caminhão, mais homens nas cabines de pedágio. Meio a meio. Homens e mulheres. Talvez não só na política, em tudo. E eu acabo vivendo de ironia, no mundo dos problemas inexistentes...

Não vejo barreiras intransponíveis para que alguém encontre oportunidade em uma área profissional, qualquer uma. Afinal, que dificuldades as mulheres encontram para seguir carreira política? Antes da cota eleitoral, os "donos dos partidos" não as queriam? Ou elas não queriam os partidos, a filiação, a candidatura, a campanha e tudo mais? Agora, mesmo com cota, continua difícil encontrar mulheres dispostas a concorrer a um cargo político. E há candidatas que nem sabem direito que são candidatas, num "laranjal" criado por uma lei que ignora movimentos orgânicos, naturais, espontâneos, que não admite que homens e mulheres podem ter aptidões e interesses diferentes.

Talvez a política vá passar, ou esteja passando, por uma transformação como houve no jornalismo, que já foi uma área dominada pelos homens e hoje atrai mais as mulheres. O Estado precisa se meter nisso? Não, claro que não, mas, na sessão da CCJ, a deputada socialista esbraveja, quer cota, quer dinheiro para as campanhas das mulheres. Ela não tem paciência, chama duas colegas de fascistas, quer mais mulheres na política... Todas as mulheres? A deputada socialista grita e deixa claro: só as que pensam como ela.

7. FRACASSOS À VISTA

[12/05/2022]

Eles conhecem profundamente os principais problemas do país e do mundo. E, claro, têm a solução para todos eles. A verdade lhes pertence, ainda que construída em sonhos, em projetos delirantes, que não têm como dar certo. Há uma coleção de fracassos, resultados visíveis que são péssimos, há fatos que não podem ser ignorados... As fórmulas dos "sabedores de todas as coisas" não se sustentam, são falhas, mofadas, têm sido testadas há mais de um século. Resumidamente, o que conseguiram foi cuspir no capital privado, nos geradores de riqueza e manter os pobres na pobreza, dependentes da mão "salvadora e protetora" do Estado.

É tão difícil assim olhar para a China, a Coreia do Norte; para Cuba, Venezuela e Argentina e entender que não há caminho para povo algum num Estado inchado, espaçoso, gordo? Um Estado que se pretende pai, e basicamente impõe castigos. Um Estado tutor, controlador, sufocante. E parece tão simples olhar o que deu certo no mundo. Países que apostaram na liberdade econômica, que promoveram um bom ambiente de negócios, que descartaram a burocracia, o peso estatal, que pulverizaram o Estado gastador, suposto fomentador de crescimento e desenvolvimento, que seguiram premissas do liberalismo, com respeito a princípios morais, esses países, sim, deram certo. São eles que ocupam os primeiros lugares na lista de nações com maior índice de desenvolvimento humano.

Esse índice nem existia quando a Argentina figurava entre os países mais ricos do mundo, lá no início do século passado. O que Alberto Fernández conseguiu, desde sua posse em 2019, foi exatamente aquilo que as pessoas com senso crítico e olhar para o mundo real haviam previsto... A inflação está fora de controle — é uma das maiores do mundo —, as taxas de juros batem recordes, a pobreza só cresce. A crise argentina avança e já é comparada à da Venezuela. Não havia como ser diferente. Um Estado intervencionista será sempre um desastre. Aumentam os gastos, aumentam os investimentos, as dívidas, sem resolver um problema sequer, muito pelo contrário, agravam o quadro. Mais subsídios, mais programas sociais, mais gasto público, menos desenvolvimento, menos progresso.

Aqui no Brasil, há pré-candidatos à Presidência da República indicando para o país os caminhos desastrosos que Venezuela e Argentina estão percorrendo. Esses políticos têm uma visão social predominante que é falsa, equivocada. Não é possível que continuemos a ignorar a realidade, desprezando todas as evidências que derrubam os planos fajutos daqueles que se atribuem uma superioridade moral. Thomas Sowell já perguntou: "Por que acreditar em uma visão particular cujas evidências contrárias são ignoradas, suprimidas ou desacreditadas?"; "Por que alguém busca não pela realidade, mas por uma visão?". O que Argentina e Venezuela dizem em voz alta aos brasileiros é: não venham por aqui, ou terão apenas fracasso político, econômico, social e moral.

LACOMBE
LACOMBE
LACOMBE
LACOMBE
LACOMBE
LACOMBE

Os Superiores e os Supremos

8. DENTRO DA LEI

[22/08/2020]

Bons tempos em que os brasileiros mal sabiam quais eram os juízes do Supremo Tribunal Federal. Bons tempos em que os brasileiros, mesmo sem saber, tinham na mais alta Corte ministros com reputação ilibada e notável saber jurídico. Bons tempos em que o STF protegia a Constituição da República Federativa do Brasil, em vez de, ele próprio, a descumprir... Era tão bom não ouvir juízes falando de tudo, dando opinião sobre tudo, em vez de juízes vendo nazistas ou genocidas ou desgoverno no Poder Executivo Federal. Que fim levaram os juízes voltados a processos, ao estrito cumprimento da lei? O que temos hoje no STF são ministros enxergando uma "recessão democrática" no país, como disse Edson Fachin, quando, na verdade, a escalada do autoritarismo passa por decisões e movimentos do próprio Supremo.

Ninguém pode considerar o atropelo da lei algo democrático. Mesmo assim, Fachin teve a desfaçatez de dizer que "as eleições de 2018 teriam sido mais democráticas se o ex-presidente Lula tivesse participado". A Lei da Ficha Limpa que se dane. E que se dane a Constituição, quando Ricardo Lewandowski resolve fatiar o processo de *impeachment* de Dilma Rousseff, mantendo os direitos políticos dela. E viva a impunidade, quando o STF, num período curto, analisa quatro vezes a prisão após condenação em segunda instância, até derrubá-la. Viva a impunidade, quando ministros do Supremo libertam pessoas com quem mantêm relações próximas, libertam presos perigosos, não julgam políticos com foro privilegiado. Todo poder ao STF, para interferir numa decisão do Executivo, garantida pela Constituição, como a indicação do diretor da Polícia Federal, para determinar a busca e apreensão do celular do presidente da República, para proibir ações policiais no Rio de Janeiro...

Lembram-se da justificativa de Celso de Mello para divulgar a reunião ministerial de 22 de abril? Haveria provas de "crimes" sobre os quais a população "tinha o direito de saber". Uma visão deturpada e seletiva, incapaz de enxergar o próprio crime: decidir expor atos da presidência, cuja confidencialidade é protegida pela Constituição, esta mesma que o tal Inquérito das *fake news* desconhece... Uma suposta vítima não pode ser, ao mesmo tempo, acusadora, investigadora e julgadora. A própria indicação do ministro Alexandre de Moraes para o caso é irregular, pois deveria ter havido sorteio. E ainda há reclamações de que "investigados" e seus advogados não têm acesso aos autos.

Estamos mergulhados na censura, sufocados por quem inventa fascismo e não se conforma com a democracia. O ódio a um governo não pode ser maior do que o amor à liberdade. O STF não pode ser um produtor de pensamento totalitário, deve, sim, nos fornecer a segurança da lei. Assim, concluo com mais uma fala recente do ministro Edson Fachin: "Atentemos para aqueles que consideram os princípios constitucionais um estorvo". Juízes do Supremo incluídos. Atentemos!

9. DEMOCRACIA EM CINZAS

[18/02/2021]

Em novembro de 2018, Jair Bolsonaro, ainda como presidente eleito, fez uma visita à então presidente do Tribunal Superior Eleitoral, Rosa Weber. Ganhou de presente dela um exemplar da Constituição da República Federativa do Brasil. A impressão era de que a ministra estava entre aqueles que acreditavam que Bolsonaro não respeitaria a lei máxima do país, não respeitaria o Judiciário, o Legislativo. Até hoje, muita gente acha que é Bolsonaro quem vai mandar prender, censurar, instaurar uma ditadura. Procuram em todos os seus atos, em todas as suas palavras alguma relação com o nazismo, com o fascismo. Enquanto isso, a "recessão democrática", que o ministro Edson Fachin botava na conta do Executivo, vai sendo alimentada pelo próprio Supremo Tribunal Federal.

A escalada do autoritarismo passa, sim, por decisões e movimentos do STF. Todos os juristas, procuradores e advogados que entrevistei no último ano têm a mesma opinião: o inquérito das *fake news* é ilegal, inconstitucional. Como foi também o fatiamento do processo de *impeachment* da presidente Dilma, que teve as digitais de Ricardo Lewandowski. E agora, para ter "paz de espírito", Gilmar Mendes espera anular processos contra Lula. Não importa se estão sendo usadas para isso mensagens eletrônicas obtidas ilegalmente e que nunca foram periciadas...

Ressalto apenas que a suprema benevolência é só para alguns. Tudo bem se o deputado federal Marcelo Freixo diz que "temos de destruir o governo Bolsonaro". Tudo bem se Benedita da Silva, ex-governadora do Rio de Janeiro, diz que "sem derramamento de sangue não haverá redenção, vamos à luta com quaisquer que sejam as nossas armas". O que há de mais na afirmação de José Dirceu de que "o PT vai tomar o poder"? Não esquenta, se ele diz que "é preciso tirar todos os poderes do Supremo". O ex-deputado Wadih Damous e o ex-senador Roberto Requião concordam com Dirceu, "a solução é fechar o STF", mas não precisa ser agora.

Por enquanto, os citados no parágrafo anterior aplaudem a prisão ilegal do deputado federal Daniel Silveira, ordenada por Alexandre de Moraes. Ainda não encontrei jurista que defenda esse absurdo. O parlamentar não cometeu crime, manifestou uma opinião. Ele tem imunidade parlamentar. O ministro deveria ter feito um comunicado à Câmara, que decidiria sobre a prisão. Se fosse caso de prisão, mas não é. Muito menos prisão em flagrante. Se há mandado, é porque não houve flagrante. Se houve flagrante, não cabe mandado.

Na sessão do STF que tornou legal o ilegal, o presidente da Corte, Luiz Fux, disse que "ofender autoridades exige pronta atuação". E tenhamos em mente que só existem 11 autoridades no Brasil, os juízes do Supremo. Eles são os três Poderes. E não me venha com Estado de Direito. Lembra o exemplar da Constituição que Rosa Weber entregou a Bolsonaro? Parece que era o único que o STF tinha... Sem o livrinho, os ministros criaram uma lei máxima bem particular.

10. LEIS E COERÊNCIAS

[11/03/2021]

Há pessoas que não devem ser presas. Há pessoas que devem ser presas. Há também pessoas presas que deveriam estar soltas, que não deveriam ter sido presas... Se o estilo lembrou o da ex-presidente, peço desculpas. As frases iniciais parecem óbvias. Tão próximas umas das outras assim, nos confundem, mas dizem muito sobre o que estamos vivendo e quem somos.

Quem você não prenderia? Edson Fachin, relator da Lava Jato no STF, talvez não prendesse o Lula. Cadê o processo que estava aqui? Cadê quatro processos que estavam aqui? Vão para o Distrito Federal, com todas as provas reunidas, todos os depoimentos, respirando por aparelhos.

As "incoerências jurídicas" são mesmo um acinte... Estava na cara que não eram processos para Curitiba. Depois de tantos anos, ninguém tem dúvida disso, nem policiais federais da Lava Jato, auditores da Receita, procuradores, juízes de primeira, segunda e terceira instâncias. Tranquilo, pessoal.

Então, Lula está liberado. Há pessoas que não devem ser presas. Algumas, claro, devem. Quais? Quem? Você prenderia Sergio Moro? Lewandowski e Gilmar Mendes talvez prendessem. Suspeição, parcialidade. Os processos que não eram de Curitiba (estava na cara) chegarão ao DF? Terão jazigo em algum arquivo? Vamos soltar o bandido e prender o xerife.

Aceitamos mensagens eletrônicas obtidas ilegalmente e que nunca foram periciadas. Há pessoas que devem ser soltas, há pessoas que devem ser presas... E os votos, no fim, serão longos, 80, 100 folhas lidas pelos juízes, e o produto do roubo dos *hackers* entre aspas. Lula: livre. Moro: preso.

Prisão para quem ataca o prédio da ministra Cármen Lúcia em Belo Horizonte? Esquece isso. Há pessoas que não devem ser presas. Tivessem usado fogos de artifício, não sei... Entenda, os atos antidemocráticos são sempre aqueles que reúnem pessoas que devem ser presas. Jamais aqueles em que defendem a derrubada do presidente, a ditadura do proletariado, em que policiais são agredidos e há quebra-quebra. Preste atenção, há pessoas que não devem ser presas.

Já faz um ano, é verdade, e a Polícia Federal ainda não encontrou elementos suficientes para indiciar responsáveis pela realização ou financiamento dos atos antidemocráticos, você sabe quais, essas manifestações absurdas. Um ano. O STF aguarda ansiosamente. Ditadura, só a do proletariado.

Pode prender opinião, pensamento... De alguns... Pode prender jornalista, deputado federal. Sequestra a Constituição, vai de crime inafiançável, "mandado de prisão em flagrante", vai na balada: há pessoas que devem ser presas. André do *Rap*? Líderes de facção criminosa? Ora, o coronavírus mudou a compreensão sobre quem deve ser preso e quem deve ser solto. Bandidos, nós soltamos aos milhares.

Assim, a coreografia corre atrás das leis, ou corre delas, o movimento é feio. Há um descompasso, falta sincronia, há um desafino, a política esbarra na Justiça e a derruba. As leis, as leis! As provas! Por favor, tente entender: há pessoas que devem ser presas e há pessoas que devem ser soltas.

11. DESEJOS LEVIANOS

[05/08/2021]

Olha ali um ataque à democracia! Bem na sua frente, e você não vê? Também, fica olhando para o lado errado, petrificado numa direção. É dali que você quer ver partir o ataque? Enquanto isso, do outro lado, é uma pancada atrás da outra. Você não quer saber, seu desejo o entrega à cegueira seletiva, a interpretações vagas, questionáveis. Seu desejo é ver a democracia atacada por quem, você jura, é fascista, nazista, destruidor da paz, da bondade, da fraternidade, é tudo de ruim. Você tem certeza de que viu, engana-se e tenta enganar. Ah, a liberdade, o que você procura é incompatível com ela, o que lhe resta é a ditadura do seu desejo leviano, equivocado, destruidor do que você diz defender.

"O amigo do amigo de meu pai" mandou censurar veículos de comunicação. Você não disse nada. E lá foi o STF bloquear e banir contas em redes sociais. Você achou o máximo. Consegue ver defesa da democracia também nisso? As redes sociais... Elas seriam libertadoras, mas você as quer aprisionadas, com um olhar censor como o seu, limitador, enviesado. Liberdade não se pode fatiar, eu já disse, você não ouviu. A audição também é seletiva. Então, tente ler em voz bem alta o que oferecem de absurdo, de ódio e dissimulação seus camaradas fascistas que se dizem antifascistas. Não vai adiantar, mas vale como exercício, vai que um milagre acontece.

Fatiaram processo de *impeachment* de presidente. Você, que é dado a interpretações mirabolantes das leis, do sentido de democracia, concordou. Abriram inquéritos ilegais. E você achou tudo normal. Mesmo que muitos juristas, constitucionalistas, procuradores, advogados tenham explicado bem explicadinho para você o tamanho do absurdo. De-mo-cra-ci-a, pode repetir silabadamente, não vai ser do seu jeito, só porque você quer... E o que você quer? Jornalista preso e denunciando tortura na cadeia? Deputado federal preso? Um bando quebrando tudo na rua, incendiando monumento, defendendo a ditadura do proletariado, desfraldando faixas e cartazes com a foice e o martelo? Que bela democracia a sua...

Tudo bem se dizem que vão "tomar o poder, que é diferente de vencer as eleições". Tudo bem se tentam limpar a ficha criminal de alguém apaixonado por regimes ditatoriais, cujo partido comprou o Congresso, depenou estatais e continua pensando em se perpetuar no poder. Para você, está valendo. E é normal o Judiciário se intrometer nos outros Poderes, pressionar o Legislativo para não aprovar uma PEC. Desnecessário modernizar nosso sistema de votação, dar a ele mais segurança, transparência... Você adora o presidente do TSE. Ele já disse em três línguas que o nosso sistema é, *probablemente*, *probablement*, *probably*, o melhor do mundo... Provavelmente, entenda, é um advérbio que não condiz com democracia, a verdadeira, que você faz questão de não ver no lado certo, não a que você finge ver no lado errado.

12. TOGAS, LAGOSTAS E VINHOS

[12/08/2021]

A grande ameaça à democracia, na última terça-feira, eram os tanques, os carros blindados, os caminhões militares em desfile por Brasília. Nada a ver com a derrota do voto auditável no plenário da Câmara, que virou uma derrota do governo, não da democracia... Há canhões ignóbeis apontados contra o presidente, mesmo antes de sua posse. Têm disparado contra ele e quase tudo o que defende, não importa se é bom para o Brasil.

No caso da PEC, 229 deputados ficaram do lado certo e votaram favoravelmente. Eram necessários 308 votos. Infelizmente, 218 parlamentares, os da oposição destrutiva e os "bipolares", resolveram fingir um combate ao autoritarismo, enfrentar o fascismo imaginário, e foram contrários à proposta que daria mais segurança, daria transparência ao nosso sistema eleitoral. E defender a democracia passou a ser aceitar a dúvida sobre a vontade do povo, descartando a modernização de um sistema há muito ultrapassado, que foi invadido nas duas últimas eleições, em 2018 e 2020.

Sempre foi uma questão técnica, que o próprio governo, de certa forma, permitiu que fosse politizada. E o jogo foi pesado, com oposicionistas dizendo que voltaríamos ao voto em cédula, ou que levaríamos um comprovante do voto para casa... E entrou no jogo quem não deveria, o presidente do TSE, colegas seus no STF. O Judiciário, mais uma vez, se intrometeu em assunto legislativo, fez reunião com 11 partidos, fez muita pressão.

Certamente, os ministros, mesmo que extrapolando seus limites, não despejaram nos parlamentares argumentos contrários ao voto auditável convincentes, que, nesse caso, não existem. O tal foro privilegiado, que nos aprisiona à impunidade tantas vezes, tem sempre o poder de atrapalhar muitos avanços, entregando ao Supremo, como reféns, um amontoado de parlamentares que só os nobres ministros podem julgar, ou não julgar.

O problema não é atacar a democracia, estimulando a dúvida, vendendo o achismo como certeza, carregando todas as frases com um "provavelmente". O grave é um desfile militar, não o desfile da interferência do Judiciário nos outros dois Poderes, o desfile, que não termina, do ativismo judicial, do atraso, da covardia e da omissão de deputados e senadores. É só uma piada, uma brincadeira: "Eleição não se vence, se toma...". Sim, está com som, não o de tanques, de canhões, de artilharia, mas o de uma guerra suja em que não se veem fardas, mas togas, lagostas e vinhos caros.

13. RÉU CONFESSO

[18/11/2021]

O que não é crime passa a ser. Inventam-se crimes aos montes. São atribuídos a algumas pessoas, conforme interesses escusos e nem tão escusos assim. Procuram-se provas. Não há? Quem se importa com provas? "A Justiça pode ser cega, mas não é tola", já disse Alexandre de Moraes. E a verdade é propriedade exclusiva dos nossos juízes supremos. Eles sabem de tudo, sabem bem o que aconteceu, o que tem acontecido, o que acontecerá... Isso basta. Abolirão, pois, as provas. Vai na canetada. São eles que definem o que é crime e quem são os criminosos.

Eles estão acima de tudo e de todos, acima do bem e do mal. Não erram, não cometem equívocos, não se deixam levar... Por nada. E, assim, também o que é crime, se eles decidirem, deixa de ser. Até crimes que, porventura, eles próprios tenham cometido. Mesmo que um dos juízes tenha abertamente, num clima "cara de pau", confessado...

Claro que não houve tortura, que nenhum tipo de violência foi empregado. Dias Toffoli simplesmente disse: "Nós já temos um semipresidencialismo com um controle de poder moderador, que hoje é exercido pelo Supremo Tribunal Federal". Pronto, falou. Não sei se era para ser assim. A dissimulação já estava no automático, era o cinismo no poder. E alguém pensou que declaração assim daria um barulho danado? Não deu em nada.

Há uma Constituição em frangalhos, agora diante de uma Suprema Corte que admite ter usurpado o poder presidencial e passado a exercer funções que não estão sequer previstas em nossa lei máxima. Do crime a gente já sabia. Agora, que seria admitido dessa forma... Poder Executivo atropelado, Legislativo quieto, acovardado. E lá de Lisboa lançam a campanha "Viva o semipresidencialismo!".

Falam o presidente da Câmara, Arthur Lira, o ministro Gilmar Mendes, organizador do fórum jurídico na capital portuguesa... Mas peraí, ele não deveria se pronunciar apenas nos autos? Não é o recomendável? Ele não deveria negar com veemência que o sistema que ele e Lira defendem já está em vigor no Brasil, que Dias Toffoli cometeu um lapso apenas, que não é bem assim?

É importante entender que a prioridade agora não é discutir o sistema de governo no Brasil, o enorme número de partidos que temos, quase sempre sem orientação ideológica clara. Não é hora de discutir o presidencialismo de coalizão, a ideia de um poder compartilhado... A questão agora, neste momento, é entender que já temos um semipresidencialismo imposto, na maior cara dura, e que temos um réu confesso, que arrasta consigo um tribunal inteiro.

No coro que vem de Lisboa, a ditadura do Judiciário ganha outro nome: "poder moderador", e de um sistema que a nossa Constituição não prevê, não admite. Enquanto isso, Lula, "descondenado", também passeia pelo continente europeu, falando as besteiras e atrocidades de sempre, como se fosse um chefe de Estado, um chefe de governo, um primeiro-ministro. Mas o pedido de extradição enviado ao exterior é contra o jornalista Allan dos Santos...

14. JUÍZES, VERDADES E DEMOCRACIA

[17/02/2022]

Estaríamos certamente no caminho do desenvolvimento e do progresso, estaríamos certamente avançando, e não ensaiando passos para trás, se houvesse magia capaz de transformar hipocrisia em honestidade, mentira deslavada em verdade cristalina. No mundo real, esse de fingimentos e falta de vergonha na cara, infelizmente, ouve-se, como se suprema fosse, a voz dos que não têm razão. Não há leis, não há regras que os conduzam pelo caminho correto, único. Eles não querem saber de aprendizado, já sabem de tudo, tratam críticas legítimas como ataques, destratam, mas ai de quem lhes apontar o dedo.

"Nazista", "genocida", Bolsonaro é tudo isso, é responsável por um "desgoverno". E é burro também. Luís Roberto Barroso disse que o presidente da República tem "limitações cognitivas e baixa civilidade...". Com base em quê? Em falas do tipo "Estão esticando a corda."; "Eu faço o que o povo quer."; "Está na hora de o Brasil dar um novo grito de independência."? São esses os atos antidemocráticos de Bolsonaro? Que inquérito abusivo ele abriu? Que veículos de comunicação censurou? Quem o presidente mandou prender? Barroso fala em tanques na Praça dos Três Poderes, numa "minguada" manifestação de 7 de setembro... Minguado parece ser o raciocínio do ministro. Cegueira e surdez seletivas.

Posso dizer que tem limitações cognitivas quem considera João de Deus um ser transcendental, e Cesare Battisti, terrorista condenado por quatro assassinatos na Itália, um santo? Posso dizer que tem dificuldades no processamento de informações, que tem problemas mentais como falta de atenção, raciocínio e memória, quem considera Lula um defensor da democracia e Dilma, vítima de um golpe?

Foi Bolsonaro, esse estúpido, quem soltou corruptos, chefe de facção criminosa? É ele quem alimenta, todo dia, a terrível insegurança jurídica? Não! Isso é obra do STF. E Foram Barroso e colegas seus que interferiram no processo legislativo de avaliação de medidas que dariam mais segurança ao nosso sistema eleitoral, e jogando contra elas... Agora, o plano é banir do Brasil o Telegram, uma rede "sem leis", ou seja, sem instrumentos de censura. Se o Telegram for mesmo banido, o Brasil se juntará a países que já tomaram essa atitude: China, Cuba, Irã... Não é exatamente o "clube da democracia".

Barroso disse: "Na minha casa só entra quem eu quero!". Esqueceram de avisar ao *hacker* que passeou pelo sistema do TSE por sete meses em 2018... E a casa será em breve do ministro Edson Fachin, futuro presidente da Justiça Eleitoral, essa jabuticaba que nos leva R$ 10 bilhões por ano, quase R$ 28 milhões por dia, com ou sem eleições. Fachin nem estreou ainda e já disse que a Corte terá pela frente "ameaças ruidosas do populismo autoritário". E não estaríamos sujeitos a falas assim se a verdade tivesse mais autoridade, se nossos ministros confirmassem a definição que Olavo de Carvalho dava para inteligência: a capacidade de perceber a verdade... De qualquer maneira, pergunto: de que adianta ter inteligência se ela é usada para o mal?

15. QUANDO? QUEM? POR QUÊ?

[17/03/2022]

Esta é a hora? Essa é a pessoa? Ano eleitoral, e resolveram criar uma comissão de juristas para revisar a Lei do *Impeachment*. Ricardo Lewandowski vai comandar o grupo. Contando com o próprio juiz do Supremo, são onze juristas... Rodrigo Pacheco, presidente do Senado, dá todo apoio ao colegiado. Ele curte os ministros do Supremo tanto quanto "descurte" todo pedido de *impeachment* desses magistrados que chega às suas mãos.

Querem mexer em alguns pontos da lei que já afastou dois presidentes da República, mas nunca pegou, nem de raspão, um ministro do STF. É possível que alguém esteja pensando em modificações que protejam um enlouquecido Lula na presidência ou derrubem o reempossado Bolsonaro.

Hoje, qualquer pessoa pode entrar com um pedido de *impeachment*. Falam que não será mais assim. Falam que quem pedir *impeachment* sem fundamentação e que não for aceito será processado. Querem mexer no rol de crimes de responsabilidade para justificar a cassação de um mandato presidencial. Vão discutir o papel do presidente da Câmara, hoje responsável por deflagrar o processo quando achar conveniente, ou arquivá-lo. Sei apenas que a hora é imprópria e que Ricardo Lewandowski não deveria estar à frente da comissão.

Primeiro, é preciso fazer o ministro respeitar as leis. Quando Lewandowski presidiu a comissão do *impeachment* da Dilma, em 2016, ele inventou a preservação dos direitos políticos, completamente contra a Constituição. Dilma perdeu o mandato presidencial, mas escapou da outra pena prevista: a inabilitação para funções públicas por oito anos. E o ministro, quando presidia o TSE, já tinha protegido a "comadre", agindo para aprovar as contas do PT.

Nossos ministros do Supremo estão aí, exercendo funções político-partidárias. Deixaram os autos há muito tempo, estão envolvidos em militância, em encontros bonitinhos, *lives* do bem. E lá vai o Judiciário, mergulhado de cabeça em mais uma tarefa legislativa. Cuidado com os magistrados! Não receberam um voto sequer, mas gostam de criar e alterar leis, inclusive aquelas que poderiam ameaçá-los com a perda do cargo.

O Congresso Nacional não pode permitir uma blindagem do *impeachment* de ministros do Supremo. É preciso rechaçar abusos, ilegalidades, arbitrariedades. Está certo, não podemos contar com Rodrigo Pacheco, mas vamos reforçar as esperanças na luta contra os dissimulados, os "vaselinas", os poderosos desorientados, ou orientados para o mal. A melhor resposta contra essa gente é um novo Congresso Nacional, com especial atenção ao Senado. Não tem outro jeito: precisamos de pessoas realmente capazes de colocar o STF no seu lugar.

16. O CAMINHO, A VERDADE E A VIDA

[14/04/2022]

Eles estão mergulhados em política, numa enlameada oposição ao presidente. Como podem cuidar do processo eleitoral assim, movidos pelo ódio a um governo? Como podem prometer isenção, imparcialidade, equilíbrio, se nos dividiram, estigmatizaram um lado, empurraram fantasias de grupo do mal para aqueles a quem se opõem e se apropriaram de chamativas fantasias de super-heróis? Quem cai na cantilena da voz pausada e suave? As palavras escapolem da boca em biquinho mandando beijinhos aos queridinhos do bem e suspirando superpoderes... Mas as fantasias de heróis e mocinhos não se sustentam, são um figurino desajeitado, fajuto, estão mofadas, descosturadas, rasgadas, puídas. As mentiras que os juízes contam, as leviandades, as injustiças e ilegalidades que cometem, essas forças maléficas revelam: o autointitulado grupo do bem é uma farsa!

O encontro em Harvard, com a participação de candidatos à Presidência — menos Bolsonaro, "que ameaça a democracia" —, seria legítimo. O problema foi se vender como uma reunião de "líderes e representantes da diversidade no Brasil". Pode olhar a lista de participantes, era a tal terceira via na veia. Os reis da diversidade que não é diversa, da tolerância que ignora o contraditório, esses não sabem conversar, só entre eles... Dois ministros do Supremo Tribunal Federal incluídos, abraçando evento político, fazendo militância. É tudo pela democracia, inclusive a censura, o controle da internet, das diversas plataformas, que uma deputada federal defendeu. Ela tem muito medo da reeleição de Bolsonaro e perguntou ao ministro Barroso como é possível evitar que isso aconteça... Barroso respondeu que "eles são mais fortes que o inimigo".

O STF disse que deturparam ou tiraram de contexto falas do magistrado no encontro nos Estados Unidos. Deveria, sim, ter condenado a participação de dois ministros, Barroso e Lewandowski, num movimento político. Metam a cara nos autos, falem nos autos! Em vez disso, metem-se em tudo. No Executivo, derrubando até decisões cuja prerrogativa constitucional é do presidente, questionando qualquer medida adotada, cobrando explicações, como se fóssem os nossos magistrados grandes conhecedores de todas as coisas. No Legislativo, houve interferência no processo de discussão sobre a segurança do sistema de votação. Neste momento, estão interferindo nas conversas sobre o absurdo PL das *fake news*. Eleição, é nisso que pensam nossos magistrados, e como agentes de oposição que odeiam o presidente da República.

"Nós somos a democracia. Somos os poderes do bem", disse Barroso em Boston. Lewandowski acrescentou que Bolsonaro é negacionista e genocida. Agências de checagem afirmaram que os magistrados disseram a verdade. Ninguém perguntou como esses togados podem julgar uma causa que envolva o governo federal... Eles tocam uma conspiração carregada de empáfia e falsidade. São militantes políticos declarados e descarados. E eles vão cuidar das urnas eletrônicas... Conversam sobre como derrotar o chefe do Executivo... Eles acham que são deuses! E estão por aí, dizendo: "Somos o caminho, a verdade e a vida".

17. TURNÊ MUNDIAL

[30/06/2022]

Com sua voz aveludada, ele está em turnê mundial: Harvard, Oxford, Lisboa... Fala de forma silabada, bem explicadinho. Tem o "s" chiado dos cariocas, mas, de vez em quando, tende ao sibilo. Estica as vogais, e fala, fala, fala... Sempre entre os seus, claro. E se irrita quando é pego na mentira por alguém "infiltrado". Ele roda o mundo, roda a baiana. São tantos convites... Desde que não haja quem o interpele, ele topa.

É uma espécie de presidente do clubinho: todos contra Bolsonaro. É um juiz que tem lado, que tem inimigo declarado. E são fascistas todos aqueles que não pensam como ele. Falta de civilidade, sei... É professor, é contador de histórias, diz que a ditadura na Venezuela é de direita, que a Justiça Eleitoral no Brasil é o máximo, infalível, que Cesare Battisti é um santo; João de Deus, transcendental.

Finge mal, e finge aos seus, que fingem também. Todo mundo finge. Ele é tão espirituoso, tão do bem, é uma farsa total. É engraçadinho, canastrão. Salvou a democracia com seu poder sedutor trabalhado no leite de rosas. Gosta de ambientes "patrióticos e fraternos", nos quais ninguém fala da censura a veículos de comunicação, da prisão de jornalistas, de parlamentar, do banimento de contas em redes sociais, de inquéritos ilegais... Essas coisas que o Supremo apronta.

Ele não aceita críticas ao STF, mas sente-se à vontade para falar mal da Suprema Corte dos Estados Unidos. Tem uma agenda de fantasia para a imposição de um comando global. Quer menos gente no mundo, é tão bonzinho. E qualquer decisão contrária à sua agenda será sempre ilegítima. A Constituição pouco importa.

Já atropelou o processo legislativo, não se cansa de questionar decisões do Executivo e, mesmo assim, continua enxergando apenas "raríssimos casos de ativismo judicial no país". Ele é uma graça, não perde um evento contra o presidente da República. Tem a sua turma, os seus garotos-propaganda, todos apoiadores do "descondenado" Lula. Trocam condecorações, suspiram juntos, afagam-se...

Não há equilíbrio, não há isenção. Contra o inimigo valem todas as armas, toda artimanha. Não há mais julgamento, a condenação foi estabelecida. Não é juiz, é justiceiro, é parcial, debocha da integridade, da neutralidade. Está por aí, em turnê mundial, querendo cortar cabeças, com toda delicadeza. Já tirou a venda dos olhos, se desfez da balança que carregava em uma das mãos... E o que pode fazer com a espada que lhe resta é mesmo assustador.

18. OS TODO-PODEROSOS

[25/08/2022]

Estendam tapetes vermelhos, preparem os tapetes persas, perfilem os Dragões da Independência. Lá vêm eles! Os Todo-poderosos da Justiça e do jornalismo. Não há leis que eles sigam. Eles são as leis. Decidem o que é verdade e o que é mentira, enxergam golpes a caminho enquanto perpetuam seus próprios golpes. Fingem mal e porcamente que defendem a liberdade, a democracia, o bom-mocismo, enquanto avançam na sua perseguição abominável contra o inimigo comum e seus apoiadores.

São narcisistas, arrogantes, prepotentes, debochados, fingidos, dissimulados... O que eles têm de sobra: empáfia, soberba, insolência... São incapazes de ver as pessoas, já que ninguém está no nível deles. Renata não usa copos de plástico. William tem apreço pelo picotador de papel instalado em sua sala. Alexandre torra dinheiro do pagador de impostos numa cerimônia com toda a pompa e circunstância.

As câmeras apontadas para eles têm filtros, a iluminação é boa, o enquadramento também. O problema é que não querem saber de perguntas, e falam, falam, falam... Não há entrevista, há ataques rasteiros. Não há chance de defesa, nem na televisão, nem em inquéritos fajutos. Eles se dão o direito de acusar, inventando, tirando de contexto, mentindo descaradamente, rasgando as leis e as regras fundamentais do jornalismo e de qualquer sistema de Justiça sério.

É uma inquisição que certamente nos levará a um buraco profundo. A Justiça e o jornalismo já não querem mais saber dos bandidos de verdade, dos traficantes, assassinos, corruptos, lavadores de dinheiro... Por falta de espelho, magistrados e jornalistas veem seus inimigos particulares como golpistas. Enxergam tramas ilegais, estratagemas, e lá vai a polícia, a polícia particular que todo ditador mantém.

Como aceitar um regime autoritário, que bota policiais atrás de pessoas que emitem opiniões publicamente? Como aceitar um regime totalitário, que viola a privacidade, a intimidade, que persegue gente que emite opiniões em grupos privados? Contas bancárias são bloqueadas, perfis em redes sociais são derrubados... Quem ameaça mesmo a democracia? Quem ataca mesmo os Poderes da República?

O ilegal está escancarado. As intenções são claras. Estamos cercados de ativismo, o do Judiciário, o da velha imprensa, e é obrigação enfrentar essa força nefasta. Contra jornalistas, os movimentos são mais fáceis: trocar de canal, procurar novos portais de notícias, jornais e revistas comprometidos com fatos, não com militância. Contra os abusos cometidos por Alexandre de Moraes, dentro das quatro linhas, só há uma solução, e ela passa pelo Senado.

19. MANÉ É MANÉ

[17/11/2022]

Eles vão chamar quem eles quiserem de genocida, negacionista, nazista, fascista, extremista, golpista, burro... Eles vão chamar quem eles quiserem de "mané". Agora, é preciso que todos entendam direitinho: tudo contra eles será "intolerância e violência". Que fique claro: para que se cumpram seus objetivos, eles podem ser maledicentes. E, convenhamos, nós, seres humanos inferiores, temos mesmo defeitos terríveis.

Eles podem dizer que não têm lado e têm todo o direito de afirmar que você está do lado errado. Eles não têm lado, mas afirmam que são mais fortes. Por quê? Porque eles são o bem! Serão sempre deles todas as virtudes, a superioridade moral, ainda que se entreguem a mentiras descaradas. Quem discorda deles é desinformado, irresponsável, egoísta, insensível, mau.

Eles são o princípio, eles são os princípios, eles são as teorias corretas, os postulados, as leis, eles são axiomas. Eles são tudo, todos os Poderes, eles são a polícia. Contra eles há apenas bandidos, pecadores. Eles são santos, sacrossantos, fazem milagres, dissipam todas as maldições. Eles nos salvaram do vírus, da praga, da ruína, da desesperança, da falência, da pobreza, da fome, da poluição, das mudanças climáticas, de uma morte violenta.

Eles podem desafiar todos os indícios, todas as evidências, todas as provas, mesmo as concretas, cabais, irrefutáveis... Eles são incontestáveis, indestrutíveis. E vão reconstruir a sociedade. Eles têm conhecimento, cultura e inteligência mais do que suficientes para isso. Graças a eles, não haverá mais conflitos, não haverá mais confrontos. Os ignorantes estão contra eles. E eles já venceram. Entreguem-se, "manés".

Eles são subjetivos, são a conspiração que veem nas ruas. Eles não acreditam no que é orgânico, espontâneo, no que é sistêmico. Sem a interferência deles, nada de bom será possível. Eles sabem o que é justo. Acreditam em advérbios, são politicamente corretos. São incorretos com fantasia colorida. Eles são pela diversidade, exceto a diversidade de pensamento. Melhor pensar como eles, "manés".

Eles podem viajar o mundo, dando vivas à democracia, enquanto destroem o ambiente democrático no Brasil. Podem acusar, perseguir, impedir aos outros qualquer tipo de defesa. Mas defendem-se como poucos, um lambendo o outro. São a favor da censura, da censura prévia, não estão nem aí para as perguntas de ninguém. E perguntar qualquer coisa a eles, mesmo que educadamente, pode ser um acinte.

Eles são falsificadores fajutos da liberdade. Qualquer "mané" sabe disso. Eles são donos de sua própria democracia, forjada por um ferreiro bruto, com marretadas, com muita pancada. E chega de ironia... É fato: a única liberdade sobre a qual essa gente pode falar, com conhecimento de causa, é a liberdade de bandidos.

LACOMBE
LACOMBE
LACOMBE
LACOMBE
LACOMBE
LACOMBE

*Cancelamento,
Banimento,
Censura*

20. O DUPLO PADRÃO

[15/01/2021]

A verdade absoluta está acima da capacidade de percepção humana, mas isso não nos dá o direito de usar critérios tortos, de não ter critérios justos, de usar um duplo padrão, nossas preferências e nossos interesses para decidir o que é certo e o que é errado, o real e o imaginário. Verdades não se criam. Deduções e interpretações são sempre questionáveis. O mundo é feito de opiniões diversas, prova e contraprova, argumento e contra-argumento, tese e antítese. O autoritarismo, as ideias impostas, a censura de qualquer espécie a questionamentos e indagações, a censura a qualquer pessoa, isso ninguém deveria aceitar.

O duplo padrão e a falta de critérios são uma praga mundial e permeiam tudo o que estamos vivendo. Vale clamar pelo "autoritarismo necessário" e acusar os outros de fascistas. Vale citar a "ciência, ciência, ciência", ou dizer que "não devemos ser tão cientistas". Vale defender todas as vidas, mas desejar a morte, o suicídio de alguns. Vale exigir que todos se tranquem, e sair para jogar futebol, sinuca, para pegar uma praia. Vale não usar máscaras, mas exigir que os outros usem; aglomerar, e condenar aglomerações. Vale dizer, sem ter como provar, que salvou milhares de vidas. Vale trancar tudo e partir para uma "liberdade vip".

Os hipócritas, demagogos, oportunistas e egoístas, tentando sinalizar virtudes, também são dados a condenar pesadamente o protesto de uma juíza num shopping e ignorar os absurdos que o STF comete quase todos os dias. Querem restringir de todas as maneiras a liberdade de expressão, interditar o debate, impor um pensamento único. Querem decidir o que se pode e o que não se pode falar, controlar o comportamento humano, impor o "politicamente correto", exatamente como fazem as grandes empresas de tecnologia.

Banir Donald Trump das redes sociais é um absurdo. Não estou aqui defendendo a invasão ao Capitólio americano, que deve ser repudiada, mas é pura interpretação dizer que o presidente dos Estados Unidos "incitou seus apoiadores à insurreição". E o que fez a deputada democrata Maxine Waters? Na rua, microfone na mão, pediu que integrantes do governo Trump fossem perseguidos em restaurantes, lojas, aeroportos... Kamala Harris, vice-presidente eleita, fecha os olhos para a violência dos "antifas" e do movimento *Black Lives Matter*. Ela quer libertar integrantes desses grupos presos no ano passado.

Há muita gente fingindo preocupação com ataques à democracia. Há pouca gente questionando o duplo padrão das chamadas *Big Techs*, que, de certa forma, derrubaram o monopólio da informação da imprensa tradicional para instaurar um monopólio próprio, uma falsa ética. Os democratas de meia-tigela aplaudem os filtros ideológicos, a guerra às mídias sociais alternativas, os oligopólios. São eles que andam dizendo por aí que, em breve, você não terá nada (nem liberdade, claro) e será feliz.

21. TUDO OU NADA

[10/06/2021]

Eu descobri que incomodo. Não é motivo para constrangimento, embaraço, vergonha, muito pelo contrário. Simplesmente porque incomodo pessoas ruins, que se fingem de paladinos da democracia e da liberdade, que relativizam tudo, vestidas de hipocrisia, incoerência, mau-caratismo. Estão entregues ao mundo do crime, não têm respeito por nada estabelecido em leis, em códigos, em regras. E vão sempre se esgueirar na imundície, para tentar banir o contraditório.

Há tantos seres pequeninos, que adoram amordaçar, que aplaudem a censura, que festejam *hackers*, como os que invadiram, na última segunda-feira, o meu canal no YouTube... Uma ação mais do que criminosa, fétida. Publicaram imediatamente vídeos pornográficos, aguardando, com malícia e cinismo, os próximos movimentos.

O YouTube não demorou muito para encerrar o canal, devido a "violações recorrentes ou graves da política sobre nudez ou conteúdo sexual", um texto padrão, disparado por uma máquina. Quando minha equipe detectou o problema, recorreu na mesma hora, sem poder evitar, no entanto, o terceiro movimento do plano asqueroso: a manipulação por grande parte da mídia das informações sobre o encerramento do canal.

As manchetes na "imprensa" pareciam feitas por um carimbo: "Canal de Lacombe exibe vídeo pornográfico e é removido pelo YouTube", "Canal de Luís Ernesto Lacombe é derrubado por conter 'nudez e conteúdo sexual'", "Luís

Ernesto Lacombe perde canal no YouTube após publicação de 'conteúdo sexual'..." É assim que se arrasta o "novo jornalismo", sem compromisso com a apuração das informações e muito compromisso... com narrativas.

Em cerca de 30 horas, o YouTube confirmou o ataque de *hackers*, e consegui recuperar meu canal, mas a guerra continua. A equipe de advogados e especialistas em tecnologia da informação que montei está providenciando a abertura de um inquérito criminal, para identificar a autoria do ataque. Muitas peças já foram encaixadas... Também vamos tomar as medidas cabíveis contra os veículos de comunicação e as pessoas que manipularam as informações sobre o bloqueio do meu canal.

Eu continuarei incomodando todos aqueles que me chamam de negacionista. Esses que tentam negar a quem pensa de forma oposta à sua a liberdade que querem para si e para os seus. Esses que só consideram democratas quem pensa como eles, e que classificam como totalitário quem discorda deles e, apenas por isso, deve ser calado. Dividem assim o mundo, ainda que saibam, claro, que não há como fatiar a liberdade de expressão: ou todos têm ou ninguém tem.

22. LIBERDADE DE PENSAMENTO

[15/07/2021]

Escrevo este texto no Dia Mundial da Liberdade de Pensamento. Talvez hoje me seja permitido pensar... Esse é um ato que passa necessariamente por outro: perguntar. No fim das contas, não há pensamento sem perguntas, sem um mínimo de senso crítico. Se não tivéssemos a capacidade de buscar respostas, explicações, entendimentos, não teríamos a capacidade de pensar. E, se não fôssemos livres para indagar, para questionar, estaríamos sempre reféns das decisões de outras pessoas, empurrados para caminhos que poderiam não ser os nossos, que poderiam ser errados, equivocados. Quando nos tomam o direito a questionar, nos tomam tudo, nos transformam em autômatos, em títeres.

Resolveram que "a ciência disse", e está resolvido. Mesmo que a ciência só exista se houver debate, se houver o enfrentamento de opiniões baseadas em observação, dados, fatos; em evidências, experiências. É preciso haver divergência, para haver ciência; hipóteses, tese e antítese, prova e contraprova. Não é algo que se faça em pouco tempo. Aliás, a ciência ignora o tempo porque se desenvolve eternamente, com choques e embates... E nada disso se faz sem perguntas, sem questionamentos, num esforço contínuo para solucionar mistérios e estabelecer conhecimento.

Pensei que estaríamos livres na internet, nas redes sociais, para, pelo menos, perguntar. Era a grande chance de acabar com o monopólio da informação mantido pela mídia tradicional, a dona de todas as verdades. A esperança durou muito pouco. Desfez-se neste Dia Mundial da Liberdade de Pensamento, quando o YouTube derrubou o vídeo da primeira edição do Programa 4 por 4, que Ana Paula Henkel, Guilherme Fiuza, Rodrigo Constantino e eu lançamos no primeiro domingo de julho. Já alcançava 800 mil visualizações, mas, segundo a plataforma de vídeos, violou as "diretrizes da comunidade", algo tão vago e suspeito.

Sem retórica, sem discursos, sem conceitos, preto no branco: falamos de vacinas experimentais e levantamos questões sobre os estudos em curso, em relação à segurança e à eficácia dos imunizantes. Falamos de "passaporte sanitário", que praticamente tornaria a vacinação obrigatória, mesmo sem estudos conclusivos sobre as vacinas. Levantamos fatos, mostramos depoimentos, fizemos perguntas... Não pode? É proibido? Com tanta generalização, fica difícil de saber. Quais são os critérios, quais são as diretrizes? Nem isso se pode perguntar, e seria impossível haver respostas que não envolvessem dissimulação.

Estamos tomando as medidas legais para que se estabeleça a liberdade de expressão e de indagação, com todo o respeito às leis e às regras do país. Em breve, teremos nosso próprio portal, nosso aplicativo, mas essa não é uma luta particular, do nosso programa, de um grupo de jornalistas, escritores, analistas políticos... É uma luta de todos nós. O momento, mais do que nunca, exige atenção, alerta, ação. Do jeito que está, caminhamos para a ignorância completa, uma ignorância totalitária.

23. QUEM PODE ESCAPAR?

[19/08/2021]

Liberdade, pisque mais lentamente e você pode perdê-la. Mesmo que tenha lutado por ela todos os dias, em todos os momentos da sua vida, como deve ser. Não é questão de esmorecer, desanimar; basta uma breve distração, um engasgar do senso crítico, o ouvido erroneamente voltado a enganadores, cheios de artimanhas e tentáculos, e lá se vai a liberdade.

A censura se reproduz rapidamente. Cada vez mais rapidamente. Nas redes sociais, no Supremo Tribunal Federal, no Tribunal Superior Eleitoral, na CPI da Covid, em grande parte da imprensa... Vem com desfaçatez, gritando que se impõe em defesa da democracia. Cancelam, banem, fecham, estrangulam, asfixiam, inventam inquéritos, prendem. E o olho que pisca, nesse caso, é aquele que assume, malandramente, a enganação, a mentira.

É proibido pensar, opinar, se expressar, perguntar. É proibido ouvir especialistas, juristas, constitucionalistas, procuradores, advogados, médicos, cientistas que não sejam os alçados à condição de donos da verdade. Os obcecados pela militância política tomaram tudo. Definiram que o lado certo é o deles, mesmo sem ter exemplos no mundo, em qualquer época, do sucesso do que defendem.

Quanta interpretação fajuta, mal-intencionada, quantos atos agressivos, violentos disfarçados de virtude. A censura se expande, não quer saber de independência, quer que dela dependam todos os atos, todas as opiniões, todas as palavras.

A turma está unida na ilegalidade, executa a receita totalitária, e ai de quem reclamar.

Não querem ruptura, mas rompem. Não querem divisão, mas dividem. Não querem estragos, mas rasgam, destroem. Querem três Poderes, mas resumem-se a um só. Querem as leis que recriam, que interpretam à sua maneira. Flagrante continuado, eterno é o desrespeito ao estabelecido como base de qualquer democracia. Falar é o crime hediondo. Chefes de facções criminosas, políticos corruptos, juízes que se acham deuses, esses preferem agir. Melhor esquecer os atos.

Cadê a liberdade que estava aqui? Quem a tem arrastado das nossas vidas, mesmo que nossos olhos estejam bem abertos? Não são aqueles dos quais querem tirar a voz e que, quando falam, padecem sob interpretações tendenciosas, militantes. Não são eles que espancam a democracia, mas, sim, os que lideram e apoiam a censura, nessa guerra insana contra uma pessoa, um governo.

Todos nós estamos perdendo, não importa o nosso lado. A censura voltada a um grupo carrega todos os outros, mesmo que se engane quanto a isso quem agora abraça a tirania e a opressão. A censura é como um vírus letal, que se multiplica rapidamente e contamina a Constituição, o Estado de Direito, a democracia, todas as formas de liberdade. Ninguém escapará.

24. LEIS E LEÕES

[11/11/2021]

O deputado federal Daniel Silveira foi solto, mas não está livre. E quem está? Você se sente livre? Quem ordenou a prisão do parlamentar por duas vezes, em fevereiro e junho, esse, sim, imagina-se totalmente livre. Não há nada que o limite, nem a Constituição Federal. Ele tem suas próprias leis, vontades, tem ímpetos incontroláveis. É isso que o rege, nada mais importa.

Alexandre de Moraes repete no despacho de soltura do parlamentar atrocidades que foram usadas para levar Daniel Silveira à prisão. Mostre ao juiz o artigo 53 da Constituição... Está lá: "Os deputados e senadores são invioláveis, civil e penalmente, por quaisquer opiniões, palavras e votos". A palavra "quaisquer" foi incluída por emenda, mas é como se ainda não existisse...

Excessos poderiam ser considerados quebra de decoro parlamentar. E poderia caber um processo disciplinar, aberto pela Câmara dos Deputados. E o que fez a Casa legislativa, em fevereiro? Endossou, covardemente, por 364 votos favoráveis, a prisão de Daniel Silveira. Resolveu também ignorar que parlamentares só podem ser presos em duas situações: para cumprir condenação criminal transitada em julgado ou em flagrante de crime inafiançável.

Alexandre de Moraes criou, e a Câmara aprovou, o delito continuado, o "mandado de prisão em flagrante", o que seria risível, se não fosse trágico. Se é flagrante, não precisa de mandado. Se tem mandado, não há flagrante.

Mas o STF pode tudo, até criar inquéritos ilegais, em que é vítima, denunciante, investigador, julgador, é quem executa a sentença, quem prende. E a defesa que esperneie para conseguir acesso aos autos.

Os alvos são escolhidos. Há pessoas que podem xingar e ameaçar ministros do Supremo, pedir o fechamento do STF, defender a ditadura do proletariado. Não depende do que é feito, mas de quem faz. Para Daniel Silveira, inventam a liberdade que não é liberdade, a soltura com mordaça. Ele está proibido de fazer contato com outras pessoas citadas no tal inquérito das *fake news*, que viola vários pontos da Constituição e da nossa legislação processual penal. E ai dele se ousar participar de alguma rede social, mesmo que por meio de assessores, de pessoas próximas.

Infelizmente, não importa se inexiste lei que possa atirar Daniel Silveira à cova dos leões, como na história do Velho Testamento. Não há um rei enganado por inescrupulosos, por gente dissimulada e mal-intencionada que pede um decreto capaz de punir desafetos... Aqui, os donos das leis são os leões, que não estão em covas, estão à solta, com as bocas abertas e podendo escolher a quem devorar.

25. UM INSTINTO ASSASSINO

[27/01/2022]

Há um instinto assassino em quem festeja a morte. Um ódio disparado como fogos de artifício sem graça, apenas barulhentos, incômodos. Execração assim denota medo, fraqueza, covardia. Festejam a morte física dos quem não puderam derrotar com argumentos, com sabedoria. Saem de suas tocas os pequenos, os miúdos, rondam, achando-se vencedores. Vão estrebuchar de ódio, deparando-se com seu impossível desejo de evitar, de limitar, de banir ideias diferentes das suas. Odeiam quem não pensa como eles, quem provoca o pensar, quem oferece o debate. Imaginam-se vingadores, mas nunca haverá vingança contra o que é eterno.

Falsos intelectuais desnudados, comunistas destruídos, eles estão cuspindo por aí. Acham que derrotaram um malvado... Não se olham no espelho, não querem saber de senso crítico, ou talvez pudessem entender que o pior dos males é aquele que se disfarça de bem. Querem transformar o mundo, achando que sabem o que é o mundo, que sabem exatamente de tudo. Não têm ideia do que se trata a busca pelo conhecimento, são inconsequentes. E Olavo de Carvalho ensinou: "Saber primeiro para julgar depois é o dever número um do homem responsável".

Os idiotas e imbecis não têm coragem moral, coragem para pensar, tentam nos empurrar para a tirania do coletivismo, a tirania total. São ardilosos, mas não podem disfarçar bem seu mundinho de mentiras e fantasias. Não admitem nem perguntas, e sem elas não se chega à verdade... Quando perguntei, certa vez, a Olavo de Carvalho o que é inteligência, a resposta foi direta: "Inteligência é a capacidade de perceber a verdade". E é sofrido entender que essa definição nos atira a um mundo de néscios e ignorantes, gente que nunca leu sequer um livro do filósofo, ensaísta, pensador, do grande provocador, no bom sentido da palavra.

E como Olavo de Carvalho lidou com a morte daqueles com os quais tinha divergências? Primeiro, costumava pedir orações... Quando o filósofo marxista Leandro Konder morreu, em 2014, por exemplo, Olavo elogiou sua capacidade intelectual. Quando morreu o escritor Júlio Severo, a mensagem foi: "Que Nosso Senhor perdoe seus pecados". Olavo ainda pediu doações para a viúva e os seis filhos de Severo, e conseguiu. Era um homem bondoso, e o ódio contra ele é uma tentativa de barrar sua obra, de desestimular a leitura de seus livros. Ele, que incentivava a leitura de autores marxistas. Para refutá-los, claro. E assim deve ser. Refutem os pensamentos de Olavo de Carvalho. Suas "teorias da conspiração", infelizmente, estão todas se confirmando.

Sobre o ódio, ele é podre, destrutivo. Não quero o ódio, não importa de onde venha, mas sou contra o banimento, o cancelamento até mesmo de quem destila sentimento tão ruim. Só não venha posar de empático, fraterno, tolerante e solidário, se só age dessa maneira com aqueles que pensam como você, ou com aqueles que não têm um mínimo de informação e de sensibilidade para perceber a hipocrisia, a mentira, o fingimento. A ira, um dos sete pecados capitais, fica pior assim, mas sempre há uma chance, pois, como Olavo de Carvalho ensinou, "o perdão é a lei estrutural do universo".

26. SIGILOSO OU NÃO SIGILOSO?

[03/02/2022]

Alguém com um olhar ideológico e persecutório não tem dúvida de que o inquérito da Polícia Federal sobre a invasão do sistema do TSE em 2018 estava sob sigilo. Eu não estou convencido. Certeza tenho de que esconder integralmente dos eleitores brasileiros uma investigação assim não deveria ser correto. Crime de verdade foi mesmo a invasão de computadores da Justiça Eleitoral. E devemos estranhar que um inquérito policial tão importante se arraste por três anos — que simplesmente se arraste. De qualquer maneira, pergunto: por que o delegado Victor Neves Campos teria enviado uma cópia do inquérito, sem ressalvas, sem indicação de sigilo, ao deputado federal Filipe Barros, então relator da Comissão Especial da Câmara que discutia o voto auditável? Ele desconhecia que as sessões da Comissão não eram secretas? Basta ler o e-mail enviado pelo deputado ao delegado para perceber a preocupação do parlamentar com a preservação de informações secretas.

O segredo maior acabou naquela *live* do presidente Bolsonaro com o deputado Filipe Barros, em agosto do ano passado, quando grande parte dos brasileiros ficou sabendo do inquérito da Polícia Federal. O faz de conta foi destruído naquele momento. Nosso sistema eleitoral não é, como prega o atual presidente do Tribunal Superior Eleitoral, inexpugnável, inatingível, muito seguro. E fica o Barroso nessa lenga-lenga de que o presidente Bolsonaro vazou dados sigilosos (quase três anos depois da abertura do inquérito!) e que isso "auxilia milícias digitais e *hackers*". Pois essa turma que passeou pelos computadores do TSE por sete meses em 2018 já teve a ajuda da própria Justiça Eleitoral... Ou vai dizer que os registros da invasão do sistema não foram apagados? Cadê os tais *logs* do sistema operacional, primordiais para a segurança, para a investigação de atividades não autorizadas? O sumiço desses registros pode explicar o inquérito inconcluso da Polícia Federal?

Nossos parlamentares, infelizmente, rejeitaram melhorias no sistema de votação e apuração dos votos. Barroso e outros juízes do STF esqueceram a independência entre os Poderes e se intrometeram decisivamente no processo legislativo. Jogaram contra um sistema mais seguro, nada além disso. E não estavam em discussão o retorno ao voto em cédula e a possibilidade de que o eleitor saísse da seção eleitoral com um recibo do seu voto. Quem espalhou essas mentiras recebeu, invariavelmente, cafuné dos magistrados. Esqueceram que são eles que decidem o que é verdade e o que é mentira? E está proibido argumentar, contra-argumentar. Perguntar é pecado! Questionar o resultado de uma eleição, Barroso deixou claro, é antidemocrático. Não questionar é "exemplo de respeito e civilidade".

Dessa forma, vivemos uma era de perseguição, de censura, de prisões ilegais. E acham normal que se cogite o banimento de redes sociais livres... E um aplicativo de mensagens não vê problema em ter seu alcance limitado... Não há processo legal que possa resolver... As *Big Techs* e os nossos juízes têm mesmo esse objetivo incansável de estabelecer o controle social, a censura. Seguem com firmeza nesse descaminho, dominados por um desejo nocivo que não tem nada de sigiloso, de secreto.

27. O FÔLEGO DA VERDADE

[10/02/2022]

Faz parte do cancelamento não oferecer oportunidade de defesa às suas vítimas. As acusações podem ser falsas, exageradas, não importa, a ideia é que elas não possam ser refutadas. As vítimas preferenciais têm sido os liberais e conservadores. A eles é vedada a presunção de inocência. Os atiradores são pessoas mal-intencionadas, militantes cegos. E os distraídos, preguiçosos e mal-informados, pela ignorância e omissão, acabam autorizando, apoiando o tiroteio. Os alvos são claros, e contra eles descarregam acusações sem fundamentação, intencionalmente e precipitadamente construídas, sequelas da covardia de um bando raivoso de cafajestes e demagógicos.

Não importa se Adrilles Jorge, jornalista, escritor, poeta, tenha feito uma longa explanação condenando o nazismo, apoiando a criminalização desse regime, bem como do comunismo, que fez muito mais vítimas do que Hitler. O gesto final de sua participação no programa de tevê, um "tchau", nada além disso, virou uma "saudação nazista". E ninguém honesto gastará muito tempo para encontrar outras edições do mesmo programa em que Adrilles se despede da mesma maneira. Um gesto deturpado maldosamente por uma turba insana, que foi, de forma absurda, acolhida, ouvida pelo dono da emissora da qual Adrilles era contratado. "Demitido!", "Menos um!", comemoram os fracos e canalhas. Como amigo e como alguém que carrega o sobrenome Heilborn, que traz o sangue dos Cohn, Bornstein e Philipsborn, eu me solidarizo com Adrilles Jorge.

No ano passado, já tínhamos descoberto o quão ofensivo pode ser ajeitar um paletó... Foi durante uma sessão no Senado. O assessor para assuntos internacionais da presidência da República, Filipe Martins, foi denunciado ao Ministério Público Federal por supostamente ter feito um gesto associado a supremacistas brancos dos Estados Unidos. Acabou absolvido pela Justiça. Em maio de 2020, parte da imprensa denunciava que apoiadores do presidente tinham feito uma saudação nazista, num encontro com Bolsonaro no Palácio da Alvorada. Tratava-se, na verdade, de um gesto chamado "imposição de mãos", realizado durante um ato de oração. Naquele mesmo mês, ao tomar um copo de leite durante uma *live*, Bolsonaro foi acusado de reproduzir uma prática de movimentos neonazistas americanos... Era apenas uma campanha de pecuaristas brasileiros para promover o produto...

E o *slogan* "Brasil acima de tudo", tem inspiração nazista? Quem combate um nazismo imaginário não quer saber que se trata de um brado da Brigada de Infantaria Paraquedista do Exército Brasileiro. Olha o cabelo do Bolsonaro! Não lembra o do Hitler? Os olhos claros... Menos Estado? Aproximação de Israel? Os canceladores fingem que não enganam e não se enganam... Insistem na mentira, que, como disse Winston Churchill, "viaja ao redor do mundo, enquanto a verdade está calçando os sapatos". Para Alan Dershowitz, autor do livro *Cultura do Cancelamento*, hoje, com a internet, "a verdade não consegue nem encontrar seus sapatos". Afirmo, no entanto, que a mentira, uma velocista, jamais terá fôlego para derrotar a verdade. A vida é uma prova de longa distância, de resistência, e os velocistas ficarão pelo caminho.

28. DO QUE POSSO FALAR?

[21/07/2022]

Eu posso falar de receitas de bolo, tortas, *mousses*... Eu posso falar de chocolate, brigadeiro... Talvez de massas: lasanha, canelone, ravioli. De rissoles! Pastéis, torresmo... Fritura não deveria fazer mal. E olha que não sou glutão. Se houvesse uma pílula que substituísse as refeições, eu tomaria sem reclamar. Mas acho que posso falar de culinária, de forno e fogão. Pelo menos, por enquanto.

Posso falar de poesia, da "tríade parnasiana": Olavo Bilac, Alberto de Oliveira e Raimundo Correia. Métrica, ritmo, rima, versos decassílabos, alexandrinos, trovas. Gosto também dos modernistas, principalmente Drummond, Mário de Andrade, Dante Milano. Sou louco por Manuel Bandeira. Sou louco por sonetos, pelos quatorze versos. Já publiquei três livros com poemas nessa forma fixa. Devo retirá-los de catálogo? Ainda posso falar deles?

E os passeios na infância, banhos de mar... Posso falar de praia? Ainda consigo ouvir os vendedores na areia: "Olha o mate! Biscoito Globo!" Devo tapar os ouvidos? Quero as ondas, quero mergulhar nas crônicas de Rubem Braga, rever árvores frutíferas, passarinhos, dar piruetas, falar de saltimbancos, conversar com meus mortos. Ainda posso falar, ainda posso escrever? Talvez sobre a bondade, sobre farras, férias e alegrias diversas...

Pensei em deitar na grama, observar o formato das nuvens, que figuras elas formam? Um cavalo, um cachorro, um bicho desconjuntado, mapas de países, um coração apaixonado. Posso falar da primeira namorada? É memória tão distante... Talvez permitam que eu fale do amor da minha vida, da eternidade que construímos juntos nos últimos trinta anos. Ainda posso falar de romance assim?

Peço licença para falar de minhas andanças pelo mundo, do Brasil que percorri de ponta a ponta, de leste a oeste. Vi mar de todas as cores, tons de azul, de verde, tons de cinza. Vi montanhas, pedras monumentais. Senti frio, calor escaldante, fui levado pelo vento, fui na brisa, sem pressa. Exigirão silêncio sobre isso tudo? Os personagens que conheci, as histórias que testemunhei, que ouvi, vivi e contei...

O que posso? O que podemos? É aconselhável calar, melhor engolir palavras, frases inteiras, uma indigestão de parágrafos. Silêncio. E que não venham com a conversinha de que é verdade, de que é a pura verdade. Não importa se está juramentado, autenticado, homologado. Há assuntos sobre os quais não podemos falar. E ponto final.

29. DEMOCRACIA E CENSURA

[20/10/2022]

Ficam falando em fraude nas urnas, em fraude na totalização dos votos, e a democracia já foi fraudada faz tempo. Tentam inventar uma "democracia relativa", que, como dizia Millôr Fernandes, "é muito parecida com uma ditadura absoluta". Democrata passou a ser aquele que pensa como os ministros do TSE, que estão ao lado de Lula, numa campanha eleitoral imunda. Se tem censura, é ditadura. Se tem censura prévia, chegamos ao fim da linha.

De que ainda vale o artigo 220 da Constituição? Aquele que diz o seguinte: "A manifestação do pensamento, a criação, a expressão e a informação, sob qualquer forma, processo ou veículo, não sofrerão qualquer restrição". De que ainda vale o segundo parágrafo desse artigo? E ele é tão claro: "É vedada toda e qualquer censura de natureza política, ideológica e artística".

O TSE vai ladeira abaixo, sem freio, arrancando dos brasileiros tudo o que lhes garante a Constituição. E seus ministros vão criando expressões absurdas, para defender o indefensável: a censura... Falam em "ecossistema de desinformação", "desordem informacional", "desinformação em segunda geração". Reclamam de uma "rede bolsonarista", da "forte capacidade de mobilização" daqueles que consideram seus adversários. O conteúdo é a favor de Bolsonaro e contra Lula? Não pode divulgar, não pode compartilhar, mesmo que seja a pura verdade.

E a velha imprensa não reclama da censura. Pelo contrário, fala em "ofensiva do TSE contra *fake news*", na ação do Tribunal "para conter a disseminação de mentiras"... Comentaristas ligados ao movimento conservador são afastados. Os de oposição ao governo mantêm seus espaços. Isso é isonomia... Um *blog* petista citado na Lava Jato pode lançar o documentário "Bolsonaro e Adélio – uma *fakeada* no coração do Brasil"... A *Brasil Paralelo* está proibida de falar do atentado.

Enquanto Lula diz, em entrevista, "Tenho que mentir! É preciso mentir. O político tem que mentir.", Alexandre de Moraes recria o "assédio eleitoral". O ministro ameaça prender dois ou três empresários... Lula faz ameaças a Romeu Zema, Sergio Moro, Deltan Dallagnol, Eduardo Pazuello. Nessa índole totalitária, eles estão do mesmo lado, um como candidato, outro como árbitro da eleição.

A usurpação da justiça para perseguir um lado e apoiar o outro vai mais longe: o transporte gratuito para eleitores está liberado. Sanduíche de mortadela também. O que era compra de votos deixou de ser. Agora tudo é para garantir a democracia, até a censura. E o nosso grito deve ser sempre por liberdade! Para a *Brasil Paralelo*, *Revista Oeste*, *Jovem Pan*, *Gazeta do Povo*, para você, para mim, para os que não pensam como nós... Para todos! Sem exceção.

30. O REI DOS PORÕES

[10/11/2022]

Ele é a verdade. Ele é a justiça. Ele tem todos os poderes. Suas leis são nossas leis. Suas ordens não podem demorar a ser cumpridas. E o prazo deve ser curto mesmo. Ele é bonzinho, oferece solidariamente algumas horas para que entendam suas boas intenções e se rendam. Ele é a bondade, o detentor de todas as virtudes. Não há ser mais correto, mais bem intencionado.

Seu argumento é claro: é assim, e pronto. Liberdade de expressão apenas para aqueles que a mereçam, que saibam o que se pode e o que não se pode falar. Onde já se viu? Esqueçam as leis que não são dele, calúnia, injúria, difamação... Esqueçam essa história de que alguém que se sinta prejudicado deve pedir ressarcimento. Ninguém faz pedidos, ninguém tem esse direito, exceto seus companheiros. Todos devem cumprir ordens, as ordens dele, o que a cabeça e o fígado dele determinam.

Não perguntem, não indaguem, não contestem. Isso é coisa de moleque, de rebelde, de gente que não enxerga o lindo caminho da pacificação por meio do poder absoluto. Pensem como ele, sigam seus ensinamentos. Não façam birra. Ele já explicou tão explicadinho o que é fake news, o que é desinformação. Suas verdades devem ser as verdades de todos. Se você não pensa como ele, sua intolerância fica patente e justifica um castigo.

Parlamentares, campeões de votos, cantores, empresários, jornalistas, comunicadores, calem a boca! Povo nas ruas, povo pacífico e ordeiro, cale a boca! E volte para casa. O autoritarismo está aí para defender nosso bem maior: a democracia. É assim tão difícil de entender? Ou será preciso desencarcerar mais bandidos de verdade e aprisionar metade da população?

Nosso pensamento foi sequestrado por um santo homem. O resgate é a purificação da nossa alma. Ele cuida de nós, cuida da nossa vida, é nosso tutor. Só ele sabe que informações devemos receber, só ele sabe o que devemos dizer. Sua democracia é tão clara: ou pensa como ele ou não pensa. Tão simples.

Não é intimidação nem controle nem manipulação. É carinho, é preocupação paterna, fraterna, é cuidado extremo. Não há nada a denunciar. Temos de agradecer. A luz que vem dele nos guiará. Ele é o mais poderoso dos poderosos de todos os tempos. Devemos ser gratos... Contestar seu reinado é atacar a democracia.

Por isso, se ele perguntar, como aquele antigo personagem de Jô Soares: "Dessa terra que eu amo, desse povo que eu piso o que sou, o que sou, o que sou?" Nós, os pisoteados, devemos responder, num coro só, compreendendo a salvação, a redenção que ele representa: "Sois rei! Sois rei! Sois rei!"

31. A TURMA DOS FOFINHOS

[29/122022]

É a gente mais fofa do mundo, mais amorosa, mais compreensiva, solidária e empática. É a gente mais espirituosa, divertida, mais bem-humorada. Um mais charmoso do que o outro, um mais inteligente do que o outro. Condutas irrepreensíveis sempre. São todos dignos, honestos, virtuosos. Detonam os canastrões, com toda a classe. São de primeira classe, são o suprassumo do suprassumo. É mesmo uma gente fofa, fofa, fofa.

Essa é a turma que conhece as emoções de verdade, os sentimentos genuínos, sinceros. São pessoinhas especiais, quase guias espirituais. Nossas emoções são direcionadas por elas, as sete emoções: alegria, tristeza, medo, nojo, surpresa, raiva e desprezo. Estamos autorizados a sentir as mesmas emoções que elas, exatamente as mesmas, na hora em que elas determinarem, com a intensidade e do jeitinho que elas permitirem.

É uma gente linda construindo o mundo ideal, sem problemas. Gente moderna, revolucionária, apresentando soluções para tudo. O que tem importância para os fofinhos é o que tem importância. A causa é da galerinha descolada? É legítima, inquestionável. Não pode haver quem não pense como eles, não pode haver quem não goste deles.

Discutir com a turma é mais do que inútil, é um desrespeito, uma petulância. Presunçosos e vaidosos somos nós, rebeldes sem causa. Os protagonistas são eles. Vamos reconhecer. Eles têm os sorrisos mais lindos, as lágrimas mais sinceras, as melhores atuações, as melhores piadas, o mais incrível boa-noite. Tudo neles, até o deboche, é respeitoso e bem-intencionado.

Essa é a turma da verdade, a dona dos fatos. Essa gente não erra, não comete equívocos, tem certeza de tudo, é certeira, precisa. Essa gente deve ser a única voz. Temos, todos nós, a obrigação de acreditar no mundo dos fofinhos. Eles são o bem, o caminho único e correto. O que dizem é tão lindo, tão perfeitinho. Vamos abandonar nossa arrogância, essa ideia louca de pensar, de sentir e falar livremente.

Eles têm o poder das estrelas, das superestrelas. São únicos, elevados, especiais, são tudo de bom. Usam figurino, maquiagem, brilham. São artistas, jornalistas, apresentadores de tevê, seres infalíveis e mágicos. Eles têm pó de pirlimpim-pim... Luz, câmera, ação!

As fantasias deles não são fantasias. O mundo real é o que eles quiserem. São professores, mestres, doutores. Amam como ninguém, de múltiplas formas. Amam todo mundo, exceto quem eles decidiram que não merece ser amado. Amam, sobretudo, o ódio, mas o ódio deles é o mais engraçadinho e fofinho do mundo.

32. HÁ LOUCOS NO PODER

[05/01/2023]

A ordem é perseguir, caçar, prender, tirar os proventos, cada centavo. A insanidade tem risinhos terríveis e mete-se em tudo, cerca, aprisiona. A loucura rompe direitos, garantias, a privacidade, o sigilo. Os desvarios invadem casas, bagunçam armários, gavetas. O mundo é dos loucos, dos raivosos, dos tiranos, dos violentos.

Não haverá mais opinião, críticas, não haverá mais leis, só as leis doidas dos doidos. Não haverá mais mundo real, só o mundo dos doidos. Eles exigem silêncio, inexistência. Não haverá mais horizonte, não haverá mais amplidão. Todo espaço será reservado aos malucos da pior espécie. Eles andam por aí, abraçados, se esparramando.

Estão destruindo tudo, definindo com delírios o que é verdade e o que é mentira. Eles são um grande erro com poderes totais. É deles que vêm a intolerância, a discriminação, a injúria. Vêm deles a ameaça e a violência. Toda forma de injustiça, de descalabro, de incompetência. E o que se oferece nesse caos? A impossibilidade de defesa.

Tudo se inverteu, está tudo ao contrário. Sanidade e loucura foram viradas do avesso. E os loucos de verdade não querem oposição, decidiram que jamais serão desmascarados. Não aceitarão sua doença, não se fecharão no hospício. São autoridades do abuso, do absurdo. São a ilegalidade e o veneno.

São o poder absoluto, insano, a arbitrariedade, a ditadura, a tirania, o estado de exceção. São a exclusão do que realmente é certo, correto. São o veto a soluções. São criadores de caso. Loucos, mentirosos, é isso que eles são. Dão de comer ao ódio e se chacoalham em gargalhadas esganiçadas.

Querem tirar o ar, sufocar, esganar, estrangular, enforcar. Querem quebrar braços e pernas, esmigalhar. Liquidar, suprimir, exterminar, com a pose mais louca de salvadores da pátria, da humanidade tão pobrezinha. Estariam em camisa de força numa democracia de verdade, mas se estabeleceu o descompasso, e suas ordens passaram a ser cumpridas e aplaudidas.

Não ficará ninguém. Há loucos no poder. E precisamos fazer alguma coisa, incansavelmente. Precisamos, no mínimo, gritar contra eles. Há loucos no poder, e os que deveriam nos defender estão tratando cuidadosamente de seus conchavos. Há loucos no poder, e a maior loucura é não atuar contra eles.

33. AS CAMADAS DE CENSURA QUE VÃO NOS PROTEGER

[16/03/2023]

Não tem outro jeito: eles decidirão o que é verdade e o que é mentira. Eles decidirão o que é democrático e o que é antidemocrático. Eles decidirão os conteúdos a que terão acesso na internet os brasileiros, sempre tão desprotegidos e expostos. Não teremos censores, não se trata disso; eles amam a liberdade... Para nos proteger, teremos tutores em várias camadas, a elite esclarecida, imune a utopias, a erros, a equívocos. Vão filtrar com todo o carinho e preocupação bem-intencionada o que a internet poderá nos oferecer. E vamos agradecer imensamente por isso. A revolução está em curso; é para o nosso bem.

Essa proteção tão amável, tão carinhosa envolverá, primeiro, as plataformas digitais, que têm a perfeita noção do que é certo e do que é errado. Elas sabem mais do que todos os melhores especialistas do mundo em todas as áreas. Não há nada que não dominem melhor que doutores, pós-doutores, ganhadores do Prêmio Nobel, todas as maiores mentes desse planeta. Seus algoritmos são imparciais, isentos, equilibrados. Não adianta dizer que as plataformas estão sempre atentas a sinalizações de virtude, a coitadinhos opressores, colecionadores de mordaças. Vai ser do jeito delas... Isso pode: tremenda defesa da democracia. Isso não pode: "vai contra as diretrizes da comunidade".

Então, reúnem ministros do STF, o ministro da Justiça, o presidente da Câmara dos Deputados, o diretor-geral da Polícia Federal num seminário com nome bonitinho: "Liberdade de Expressão, Redes Sociais e Democracia". E eles falam sem parar... Arthur Lira defende um "caminho do meio". É censura, mas vamos fingir que não é. Vamos entender o caráter protetivo e educativo da proposta. Qualquer problema insolúvel nas redes, e Lira indica a volta ao velho monopólio da informação... O parlamentar fala do "jornalismo profissional como mecanismo contra a desinformação". Aquela imprensa antiga, acima de qualquer suspeita, que não mente, não deturpa, não erra, não confunde, não faz militância.

Tem nome bonitinho também o projeto de lei para "aperfeiçoar" a legislação brasileira sobre "liberdade, responsabilidade e transparência" na internet. O relator do projeto, o comunista Orlando Silva, tem certeza de que, para proteger mesmo a democracia, "a autorregulação das plataformas digitais é insuficiente". Ele quer "a autorregulação regulada", também conhecida como "corregulação". Entendeu? É assim: as plataformas digitais fazem censura e ficam sujeitas a mais censura, a cargo de um órgão regulatório.

O ministro da Justiça, Flávio Dino (outro comunista, "graças a Deus"), também defendeu a existência de uma agência reguladora, com "certos atributos de independência". É para poder lutar de verdade pela democracia, para poder censurar mais conteúdos e mais rapidamente. Dino anunciou que um projeto de lei para regulamentar a difusão de conteúdo pelas redes sociais será levado a Lula na próxima semana. O Brasil mal pode esperar... Vai ficar

CANCELAMENTO, BANIMENTO, CENSURA | 87

assim: as redes sociais se censuram, são censuradas por uma agência e, como lembrou o ministro da Justiça, ainda tem o Supremo Tribunal Federal.

São censuras complementares, sempre em defesa da democracia, para evitar, como disse o diretor-geral da Polícia Federal, Andrei Rodrigues, "a união de pessoas distantes, com ideias semelhantes, criando uma 'alma coletiva' extremamente danosa". Ele sabe tão bem o que é melhor para os brasileiros... Ele não quer "discursos de ódio, preconceito e raiva, que manipulam parte da sociedade, que podem levar a atos golpistas". O mundo ficará lindo, o amor triunfará. E será desse jeito: com a autorregulação das redes sociais, com "agência reguladora" de olho nelas, com a força do Supremo. E, num estágio superior, mais à frente, com a autocensura feita por cada um contra si mesmo. Ou você quer sair falando qualquer coisa, sem se preocupar com a democracia? Censura em várias camadas, e todos serão salvos.

LACOMBE
LACOMBE
LACOMBE
LACOMBE
LACOMBE
LACOMBE
LACOMBE

Jornalismo

34. NÓS, OS JORNALISTAS

[29/08/2020]

Somos bundões, sim, quando deixamos de ser observadores, curiosos, desconfiados, quando perdemos o senso crítico, quando tiramos a verdade das nossas histórias, quando abandonamos a história real, ou a editamos de forma militante, ou a criamos ou recriamos...

Quando não somos livres e corretos na escolha das histórias que vamos contar e de que maneira vamos contá-las.

Assim, bundões, quando descobrimos que a pauta que nos foi passada não se confirma, mas insistimos nela. Quando a pauta é fraca ou não existe, mas forçamos a barra.

Somos bundões quando adotamos o duplo padrão, "dois pesos e duas medidas", quando não mostramos todos os lados de uma história, quando nos pretendemos conclusivos.

Sim, quando usamos expressões batidas, lugares-comuns, clichês, chavões, quando agredimos a língua portuguesa.

Somos bundões sempre que não somos claros, objetivos, diretos.

Parciais, desequilibrados, partidários, passionais, alheios aos fatos... Bundões!

Quando nos achamos os donos da verdade, quando nos concedemos o monopólio da informação.

Somos bundões quando nos achamos seres especiais, superiores, acima da informação, da notícia, acima do bem e do mal.

Somos bundões quando assumimos um compromisso com o erro, quando não corrigimos, retificamos, quando nos fingimos, para nós mesmos, infalíveis.

Quando, na pressa de sermos os primeiros a chegar com as últimas, ou simplesmente sendo mal-intencionados, preguiçosos, tropeçamos na informação. Quando não indagamos, não questionamos. Ou, pior, quando não nos deixam indagar, e aceitamos.

Bundões seletivos. Grosseria contra um repórter é imperdoável, crime contra a imprensa. A prisão de um jornalista por dez dias, arbitrariamente, tudo bem.

Mirando em alvos, somos bundões, desses que se imaginam vítimas, numa "relação abusiva" com o presidente da República. Mesmo que ele tenha sido eleito por quase 60 milhões de pessoas...

E o que fomos, quando achamos normal que o PT propusesse a regulação da mídia? Bundões!

Quando silenciamos diante da censura, quando aplaudimos a censura aos outros e nos imaginamos imunes a ela.

Quando aplaudimos a censura, assim, só isso: bundões!

Quando tratamos como democratas aqueles que pensam como nós e como fascistas aqueles que pensam de forma diferente...

Bundões hipersensíveis, que exageram nos adjetivos, nos advérbios de modo, que pintam, repintam, enfrentam, fazem caras e bocas, perdem o tom.

Somos, sim, quando imaginamos ter, mais do que todos, o poder de educar as pessoas, diminuir as desigualdades, melhorar o mundo...

Mesmo com nosso corporativismo, mesmo que tenhamos a nós próprios em alta consideração, bundões é o que temos sido.

35. O GRANDE FASCISTA

[11/02/2021]

Os fatos, a verdade. Serei óbvio: esta é a matéria-prima dos jornalistas. Ela raramente está por aí, visível, acessível, depurada, oferecendo-se na internet. Pode escapar por conta da preguiça ou da pressa. Querer ser o primeiro a chegar com as últimas é legítimo, mas isso não pode levar ninguém a resumir a apuração. É preciso procurar fontes primárias, fazer todas as perguntas, esgotar todas as dúvidas. Jornalista tem de ser curioso, desconfiado, entender o tamanho da sua responsabilidade, mesmo que, no começo da carreira, a falta de experiência e a ansiedade possam atrapalhar. Então, vencemos a imaturidade, a pressa enlouquecida. Buscamos todos os lados de uma história, buscamos respostas... Quem? O quê? Onde? Quando? Como? Por quê?

Antes da reportagem, a pauta. Antes da pauta, a pré-pauta, uma sugestão ou uma ideia de matéria. Cumpram-se todos os passos, desde o início, para que a história se confirme e possa, então, ser profundamente apurada e contada. É o básico, mas muita gente tem ignorado isso. Não por inexperiência ou pressão do tempo, mas por militância, porque abandona a realidade e se entrega a crenças, a um mundo irreal, ao combate contra um fascismo imaginário. Quantas vezes vimos, recentemente, pré-pautas que não se confirmaram virarem reportagem? Primeira página, no caso dos "disparos" de *WhatsApp* na campanha do Bolsonaro... O porteiro do condomínio do presidente, o leite condensado... Tudo por uma narrativa. O governo não presta e deve ser defenestrado.

Não são profissionais do jornalismo os que transformam em democratas os fascistas que se dizem antifascistas, vândalos que agridem policiais e depredam patrimônio público e privado, que carregam faixas em defesa da ditadura do proletariado. Não é jornalista quem escreve manchetes como "O presidente Bolsonaro pretende amedrontar a população, tumultuar a mente das pessoas e promover o caos na sociedade" e "A Covid está ligada ao avanço do fascismo no Brasil". Triste. Uma revista e um jornal que já foram grandes, que já foram meios de comunicação, transformados em veículos de militância. Abandonam a honestidade, o caráter, a sensibilidade jornalística na seleção das histórias que contam e na escolha de como elas são contadas. Às favas com os fatos, vamos à dissimulação.

Informar deve ser o objetivo. Opinar, se for o caso, com base nos fatos, com argumentação. Agir como um partido político derrotado na eleição é imperdoável. Boa parte da imprensa embarcou nessa, não importa se a pauta é política, econômica, cultural, de comportamento. É como se as seis perguntas básicas para o desenvolvimento de uma matéria jornalística já viessem respondidas: Quem? Jair Bolsonaro. O quê? Derrubá-lo. Onde? Em Brasília, por todo canto. Quando? Agora. Como? De qualquer jeito. Por quê? Está nas manchetes dos jornais, dos telejornais, dos portais de notícias: o presidente é um grande fascista.

36. LONGE DA VERDADE

[06/05/2021]

Existe uma fórmula para calcular o grau de liberdade de imprensa de um país. Quem a criou foi uma organização não governamental. Seu nome, *Repórteres sem Fronteiras*, tem um quê da arrogância globalista. Todo poder para meter o bedelho onde quiser, desde sua sede em Paris. Ninguém quer saber mesmo de soberania nacional, se há uma ordem mundial, né? Sempre para o bem de todos, o coletivo. É sem fronteiras, ou, como diria um amigo meu, "é geral". E esse é só um dos problemas.

Não há fórmula para calcular o grau de liberdade de coisa alguma, se o conceito de liberdade é relativizado, deturpado, personificado. Depende de quem, não do quê. Com seu olhar, seus ouvidos, todos os seus sentidos enviesados, tortos, seletivos, carregados de ideologia, a ONG juntou seus números e rebaixou o Brasil no Ranking Mundial de Liberdade de Imprensa. Foi uma queda de quatro posições, para o 111º lugar num total de 180 países. E a culpa é de quem? Começa com "B", termina com "naro"...

A ONG afirma que, desde que o presidente Jair Bolsonaro assumiu o poder, "o ambiente para o trabalho de profissionais do jornalismo se tornou tóxico". Fala de "insultos, estigmatização e orquestração de humilhações públicas de jornalistas, uma marca registrada do presidente, de sua família e seu *entourage*". É assim: uma fórmula, um resultado, uma interpretação. E, tenha certeza, o Gilmar Mendes mandando um repórter "enfiar uma pergunta na bunda" não entrou no cálculo.

Tentarei refazer as contas, dando peso maior ao principal. Prepare-se, a posição do Brasil no Ranking Mundial de Liberdade de Imprensa ficará... pior! Na minha fórmula vou incluir "reinações" do STF: a censura a veículos de comunicação, a prisão do jornalista Oswaldo Eustáquio, o bloqueio e o banimento de contas nas redes sociais... Sobre o Bolsonaro, vamos ver... Ele falou alguma vez em regular a mídia? Não, foram os governos petistas que sempre falaram disso. Bolsonaro comprou a imprensa com verba publicitária? Financiou blogs e portais? Tentou extraditar um correspondente internacional? Não, não e não.

Minha fórmula não procura culpados porque eles não se escondem, mas quer dar a cada um o peso correto. E o peso do fato é: os jornalistas já não amam a liberdade. Carregados de interesses pessoais, corporativos e ideológicos, escolhem as histórias que vão contar, a maneira como vão contá-las. Absolveram políticos corruptos, apoiaram agressões à Constituição, escolheram um lado, não querem mais saber de "todos os lados da história". Manifestações pró-governo? Deixa isso para lá. É preciso saber sempre a quem a informação interessa, não importam a verdade, a relevância real. Somos os editores do Brasil.

Não é uma conta confusa, ainda que haja colchetes, qualquer coisa entre parênteses. O resultado é este: não temos uma imprensa livre no Brasil, principalmente porque boa parte dos jornalistas passou a atuar como um partido político derrotado nas eleições. A guerra, afirmam, é contra um genocida, negacionista e fascista. Esse jornalismo militante, que só pensa em derrubar um governo, não tem como ser livre. Esse jornalismo é refém, é prisioneiro dele próprio. Tem barulho ou tem silêncio. Abriu mão do equilíbrio, desapegou-se dos fatos, das indagações, de permitir indagações. E, isto é certo, nunca haverá liberdade longe da verdade.

37. TADINHOS DE NÓS

[17/06/2021]

Corria o ano de 1998. O presidente era Fernando Henrique Cardoso, e as invasões de terra se multiplicavam. Apenas naquele ano seriam 599, e em várias regiões do país, inclusive o Rio de Janeiro, meu estado. Eu tinha, então, dez anos de carreira no jornalismo. Como repórter, fui deslocado pela chefia até Seropédica, no Grande Rio, para cobrir a invasão de uma fazenda. Minha equipe foi a primeira a chegar ao local. Havia cerca de 70 pessoas do MST e dois carros da Polícia Militar, apenas oito policiais no total. Ainda assim, eles já tinham convencido os invasores a deixar a propriedade, e tudo parecia calmo. Com a aproximação do nosso carro de reportagem, o clima mudou. Imediatamente, as pessoas que já estavam sentadas na estrada de terra, fora da fazenda, ergueram-se, aos gritos, contando com o testemunho de uma câmera de televisão, para tentar uma nova invasão.

Não demorei a perceber o que acontecia e orientei meu cinegrafista, ainda no carro, a não sair para registrar imagens. Ficou muito claro para mim que nossa presença, pura e simples, estava interferindo naquela história jornalística. Assim que paramos, fui na direção dos invasores e pedi a eles que se acalmassem, menti: "Estou vindo de outra reportagem aqui perto, e nossa câmera quebrou. Não tenho como registrar nada. O envio de outro equipamento pode demorar horas". Deu certo. Em seguida, caminhei até os policiais e disse a eles a verdade. Nossa câmera funcionava perfeitamente, mas eu não podia permitir que meu trabalho servisse, de alguma forma, como estímulo e proteção para a perpretação de um crime. Os policiais me agradeceram, e fui embora com minha equipe.

Quantos jornalistas entendem que devemos evitar ser parte de uma pauta, de uma matéria, a não ser no caso de um jornalismo que se aproxima do entretenimento? Quantos compreendem que há muitos limites nessa profissão de contadores de histórias reais? É fundamental não interferir em acontecimentos, ter um olhar de fora, uma presença discreta, que não promova deturpações, reviravoltas, a quebra do caminho natural de uma reportagem. E já testemunhei tantos tropeços... Comportamentos estimulados por jornalistas para a captação de imagens, falas de entrevistados sugeridas por repórteres, tiro de revólver transformado em rajada de metralhadora na ilha de edição... Já vi muita enganação, para "produzir" uma pauta que a realidade não confirmou, ou para torná-la mais "atraente", mais "impactante".

Agora, jornalistas vão além, enxergam-se como personagens de matérias. Eles são a pauta! E, pior, surgem como vítimas, com a desculpa de que o público precisa enxergá-los como seres humanos, para "desfazer uma ideia equivocada que esses dias tão difíceis ajudaram a criar na imaginação de muita gente". Não, não tem nada a ver com o desapego aos fatos para a imposição de narrativas... Eles trabalham "por nós, pelo nosso país", num discurso de militância estudantil. Tanto "sacrifício", tanto "sofrimento". São seres iluminados, que decidem enviesadamente o que nos contar e como contar. Não são mais profissionais sérios da comunicação. Tadinhas das pessoas comuns, tão comuns.

38. SOBRE UM CARTAZ

[05/05/2022]

Recebi a foto por aplicativo de mensagens durante a última edição do programa dominical que apresento na internet. Aliás, foram três fotos do mesmo cartaz em manifestações aparentemente em cidades diferentes. Mais um Primeiro de Maio em verde e amarelo... Um mesmo cartaz, com uma frase de Winston Churchill: "Nunca tantos deveram tanto a tão poucos". Abaixo dela, a foto de dez comunicadores, a foto de jornalistas! Eu estava entre eles, em companhia que muito me honra: Alexandre Garcia, Augusto Nunes, Cristina Graeml, Ana Paula Henkel, Rodrigo Constantino...

A frase de Churchill, proferida em discurso na Câmara dos Comuns em 1940, se referia aos aviadores britânicos que resistiram aos ataques nazistas durante a Segunda Guerra. Naquele cartaz nas manifestações pelo Brasil, nenhum de nós é um piloto de caça em meio a uma guerra. Não a que se trava com aparato bélico, com bombas e tiros. Porque, sim, há uma guerra. Ainda assim, não somos nós heróis de nada. Somos combatentes posicionados, não somos militantes. Talvez sejamos... Nossa militância eterna é pela única forma de jornalismo possível: aquela que respeita os fatos, que mergulha na realidade, que conta todos os lados da história. O jornalismo que respeita a curiosidade, a desconfiança, que pergunta e permite que perguntem, que preserva e estimula o senso crítico, o debate.

A questão é que inventaram um conceito segundo o qual basta alguém enxergar meia qualidade no governo para se tornar "bolsonarista". Daí a ser chamado de negacionista, genocida, fascista e nazista é um pulinho. A turma no cartaz é pacífica, mas não pacifista. Não foge à luta pela verdade, não apela para conjunções adversativas para diminuir acertos e conquistas. Fala de problemas reais, enxerga soluções a caminho e os inevitáveis tropeços, que não são aumentados, desvirtuados e endereçados a um único culpado, numa guerra política suja.

Há uma turma grande que não relativiza o conceito de liberdade, que poderia estar em muitos cartazes, em muitas manifestações. Ainda que eu consiga estranhar a lembrança, a homenagem, o agradecimento feito no último Primeiro de Maio. Se o jornalista trabalha com histórias reais e ainda em movimento, mais do que ninguém tem a obrigação de defender a democracia, a liberdade de expressão, o devido processo legal, a Constituição... É nosso dever, ou seremos militantes, seres passionais, cegos, intolerantes, reféns dos nossos próprios desejos.

O objetivo principal será sempre informar da maneira correta, com clareza, objetividade, coloquialidade. Qualquer posicionamento só pode ser aceito quando baseado no mundo real. E objetivos inaceitáveis são todos aqueles que, como escreveu Alexandre Garcia, "escapam da vocação natural e da obrigação do jornalismo: estar em defesa vigilante dos valores éticos, humanos e legais que nos mantêm em civilização, livres de qualquer tipo de totalitarismo". Se há jornalistas homenageados em manifestações é porque há os que não merecem reconhecimento... E todo jornalista deveria ter o compromisso com a verdade, o único caminho para a liberdade.

LACOMBE
LACOMBE
LACOMBE
LACOMBE
LACOMBE
LACOMBE
LACOMBE

Pandemia
e Tirania

39. TOME UM SORVETE

[08/01/2021]

Cansei da patrulha, de quem aponta o dedo, vigia a vida alheia. Querem "empatia", a palavra da moda, mas eles próprios não são capazes de se colocar no lugar das vítimas dessa loucura em que vivemos. Tentam transformar pânico em virtude, um sentimento que não eleva moralmente ninguém. Quem coloca mais pessoas em risco: alguém que não usa máscara, ou alguém que se submete passivamente ao sequestro de liberdades fundamentais? A resposta exige equilíbrio, e é o pânico que move essa gente incapaz de perceber que preservar a liberdade é também defender a vida.

Tenho empatia pelos milhões de trabalhadores por todo o Brasil, obrigados a enfrentar aglomerações no transporte público, ônibus, trens, metrôs. Pelas famílias numerosas que vivem em apenas um cômodo, num barraco, numa favela. Tenho empatia pelos que perderam o emprego, os que perderam a renda, os que quebraram, os que estão passando fome, os que não podem comprar remédios, os que dependem de um sistema público de saúde que sempre beirou o colapso e, diante da derrocada econômica, ficará pior. Aqueles que não usam serviços de entrega em domicílio, que não têm internet, plataformas de *streaming*.

Tenho empatia pelos estudantes impedidos de ter aulas presenciais, por todos os que sofreram e sofrem com a violência, inclusive doméstica, com os mais variados abusos, aqueles que perderam as esperanças, que foram empurrados para a depressão, que têm parentes e amigos que desistiram, que se mataram. Também por aqueles que, reféns do pânico, abandonaram tratamentos importantes, os que não fizeram exames para detecção precoce de doenças e agora enfrentam desafio muito maior do que um vírus que, sim, é potencialmente mortal, exige cuidados, mas tem taxas de letalidade e transmissibilidade baixas.

Tenho empatia por médicos que não defendem interesses políticos e comerciais, que são livres, que lutam pela vida, que seguem os ensinamentos de Hipócrates, o pai da medicina. Por todos aqueles que defenderam, desde o início, o isolamento vertical, apenas dos grupos de risco, pessoas mais velhas, com doenças preexistentes e, claro, dos infectados. Portanto, repudio, com todas as forças, quem fala em ciência, despreza estatísticas e não prova que confinamentos pesados têm algo a ver com redução de números totais de infecções e mortes e são capazes de deter o avanço do vírus.

Tenho empatia pela população de Búzios e de Manaus; pelo prefeito de Porto Feliz e tantas outras cidades de São Paulo. Eles sabem que todas as vidas importam, que mais gente padecerá vítima de um falso ou equivocado combate ao coronavírus do que da doença que o vírus chinês provoca. O risco maior são as decisões desequilibradas, até de juízes que fazem política, que se empenham na luta pela liberdade de bandidos, mas não pela liberdade de todos nós. Vá ao shopping center, tome um sorvete e pense nisso.

40. O VOTO É VACINA

[21/01/2021]

Somos um país de oportunistas e egoístas. Já nem sei quantas vezes escrevi e pronunciei esta frase. Quem dera as palavras tivessem um poder transformador, mágico, imediato. Seria só gritar: "Chega disso!". Pronto, interesseiros e aproveitadores liquidados. Se não funcionasse de primeira, seria só gritar de novo, a um palmo da cara de quem não tem moral: "Pare, de uma vez por todas, pare!". E, a partir do imperativo, o sem-vergonha despertaria, olharia em volta, enxergaria as boas referências e destruiria em si todo veneno. Quem dera.

Vamos espichar os olhos. Vamos observar outras terras. Inglaterra, Alemanha, Espanha, França, Estados Unidos... Quando esses países fizeram a primeira aplicação da vacina contra a Covid-19, não havia políticos por perto. Nem assessores. Nem dezenas de jornalistas em aglomeração. Lá estavam a pessoa a ser imunizada e pouquíssimos profissionais da saúde, quase sempre apenas uma enfermeira. Não vestiram camisetas feitas especialmente para a ocasião, não choraram sem verter lágrimas, escaparam de coreografias que nada têm a ver com saúde, com proteção.

É verdade que, em todo canto, tudo relacionado ao novo coronavírus foi politizado. A atuação da OMS, do início até agora. O isolamento, confinamento, *lockdown*, as estatísticas, máscaras, o tratamento imediato, as vacinas... A politicagem tem atropelado a saúde pública. Oportunistas e egoístas querem seus dividendos, mais poder, mais dinheiro.

A vacina é minha, quem está salvando você sou eu. Eu sou a verdade, a ciência. Não acredite em mais ninguém. Sou eu a boa intenção. E nada peço em troca.

As vacinas, nem a Anvisa nega, são experimentais. Testes feitos em poucos meses, em algumas semanas, sem incluir idosos, gestantes... Muitas perguntas, muitas dúvidas. Não importa, o uso emergencial foi aprovado, e torço para que os imunizantes sejam realmente seguros e eficazes. Espero também que haja cada vez menos gente em pânico e mais vacina disponível. E, claro, que não venham com vacina obrigatória, com restrições para quem decidir não tomar. É assustador saber que na Nova Zelândia e na Alemanha já falaram numa espécie de "campo de concentração" para quem se recusar a ser vacinado...

Não adianta, gosto das reticências, elas economizam palavras, abrem espaço para um breve pensamento, um suspiro complementar. Neste texto especialmente, os três pontinhos acabaram mesmo substituindo lamentos. É que não há palavras mágicas para endireitar ou sumir com egoístas e oportunistas, suspeitos de irregularidades com verbas públicas para o combate à Covid, os que escondem interesses comerciais, políticos ou os dois, que fingem ou exageram boas ações. O que existe é uma espécie de vacina chamada voto. Precisamos votar com atenção e cuidado, para imunizar a política, para eliminar das nossas vidas quem só vê defeitos nos outros e não se constrange com sua própria perversidade.

41. QUEM É NEGACIONISTA?[2]

[04/02/2021]

Extremista! Antidemocrático! Terraplanista! Desrespeitoso! Desonrado! Desastroso! Sem-vergonha! Vassalo!". Tudo dito num fôlego só, com exclamações. Ataca-se a pessoa, já que não dá para atacar seus argumentos, contra-argumentar. Xingamentos não vencem fatos. Quase sempre, desqualificam quem os profere. São como balas de festim contra um alvo. Um bumerangue que não volta suavemente à mão do lançador, mas o atinge na fronte com violência. Pobre de quem xinga, este ser sem equilíbrio.

"Negacionista!" Ele grita, grita de novo. "Como ousa não aceitar minha narrativa?"; "Quero sua cabeça, seu antidemocrático!". Aos olhos de quem xinga, negacionista, mil vezes negacionista. Não desses que enxergam o sol girando em torno da Terra, que não veem seis milhões de judeus mortos por nazistas... Negacionista só porque o grupo que se apropriou da ciência quer. Esse pessoal que não sabe fazer as quatro operações matemáticas e que não compreendeu o correto, o plural: ciências!

Eles têm memória curta e, vejam só, negam. Tente fazê-los admitir que o isolamento horizontal, o confinamento, o *lockdown*, chame como quiser, nos foi proposto há praticamente

---

2. Neste artigo o autor faz referência à ida do então prefeito de São Paulo, Bruno Covas, e de seu filho à final da Libertadores de 2021. O jogo entre Santos e Palmeiras foi realizado no Maracanã, em 25 de novembro, sem a presença de público, devido às medidas restritivas contra a COVID-19. (N. E.)

um ano para "achatar a curva". Quem há de negar? Era para evitar que muitas pessoas fossem contaminadas pelo novo coronavírus ao mesmo tempo, para que o sistema de saúde pudesse se preparar... Eles não podem negar que têm apreço pela medida e que agora nos impõem as restrições como se fossem uma vacina.

Quem é negacionista? É quem nega que as taxas de transmissão e de mortalidade cresceram e diminuíram com e sem *lockdown*. É quem nega que as pessoas se contaminam mesmo trancadas em casa. É quem nega que bares e restaurantes, que o comércio em geral, cumprindo todo o protocolo, não têm culpa no cartório. É quem faz questão de não lembrar o estupefato governador de Nova York diante de pesquisa indicando que dois terços dos infectados pelo novo coronavírus no estado tinham se contaminado em casa.

Negacionista é quem nega a médicos, mesmo que com a concordância de seus pacientes, o direito de decidir pelo tratamento imediato, seja ele qual for. E, principalmente, negacionista é quem nega aos outros o direito ao trabalho, a ganhar o pão de cada dia. Se ele fecha tudo, se tranca tudo e vai para Miami, para o estádio de futebol, podemos chamá-lo também de hipócrita.

Xingamento? Não, um pouco de compaixão... E as "incertezas sobre a vida"? Era a final do principal campeonato da América Latina. Ele tinha esse direito, não tinha? Nós, tratados como negacionistas, não temos. Era um sonho dele, do filho. Não importa que insistam em nos negar a realização dos nossos sonhos, não importam os sonhos, os desejos de todos os filhos daqueles que perderam o emprego, que estão sem renda. Somos mesmo negacionistas, insensíveis e ingratos: negamos que há políticos fazendo de tudo para nos proteger e salvar.

42. TODA VIDA IMPORTA

[04/03/2021]

Depois de um ano, o que deveríamos ter? Mais leitos hospitalares, principalmente mais leitos de UTI. A escassez sempre existiu, e tivemos agora uma boa chance para atacar com força esse problema. Um ano... Não deveríamos ter vacinas, mas temos! Era um anseio da população, que seja atendido. Há dúvidas sobre o uso dos imunizantes em alguns grupos, há dúvidas sobre possíveis efeitos adversos em médio e longo prazo, mas livres estamos para decidir tomar ou não a vacina.

Tratamento imediato é outra história. Um ano, e o que temos? Desrespeito à liberdade médica, uma guerra contra qualquer um que preconize, nos primeiros dias de contaminação pelo coronavírus, o uso de medicamentos que não sejam antitérmicos e analgésicos. Um ano de ameaças a especialistas que entrevistei e ousam defender o tratamento imediato, o que é indicado em qualquer doença, mas não no caso da Covid. Esse tempo todo, e ainda estou à procura de um bom mapa das contaminações no Brasil, onde se dão com mais frequência, em que horários... *Lockdown*... Um ano disso, e não há resultados a comemorar.

Ficar em casa não adianta e é impossível para muita gente. São milhões de pessoas aglomeradas no transporte público, e o risco é real. Uma pesquisa da UFMG já apontou a presença do coronavírus no sistema de ônibus em Belo Horizonte. Qualquer estudo profundo e cuidadoso, que o período de um ano permitiria, indicaria o mesmo em qualquer grande cidade. Mais limpeza, mais desinfecção e, principalmente, mais ônibus, trens e metrô.

Infelizmente, nossos governantes nunca pareceram realmente preocupados com a superlotação no transporte público. A prefeitura de São Paulo, por exemplo, preferiu reduzir a frota de ônibus, ou teria de pagar até R$ 2 bilhões em subsídios às empresas de transporte, já que o número de passageiros caiu. Considerar esse valor um investimento em saúde pública, claro, seria o correto. Sobre o comércio, lojas de rua, de centros comerciais, de shopping centers, restaurantes, todos aqueles que seguem os protocolos não têm culpa pelo aumento no número de contaminados.

O problema maior é que decidiram acreditar que conseguimos proteger a saúde pública por um período longo à custa da saúde econômica geral. A renda é uma das variáveis mais fortes que afetam a nossa saúde, nossa expectativa de vida, nossa longevidade. Quase 120 milhões de pessoas no mundo foram atiradas, no último ano, à extrema pobreza. Por conta da quarentena global, a Organização das Nações Unidas para a Alimentação e Agricultura calcula que 265 milhões de pessoas no planeta estão passando fome. A Unicef aponta que a mortalidade infantil pode aumentar 45%. Faltou a OMS? Aí vai uma frase do seu diretor-geral, Tedros Adhanom: "A pandemia é um alerta de que saúde e economia são inseparáveis". Como fazem questão de ignorar essa relação, haverá mortos a contar por muitos anos, mesmo depois do vírus. Passado tanto tempo, talvez fique claro para quem, de verdade, todas as vidas sempre importaram.

43. RESSUSCITA-ME!

[18/03/2021]

A repetição cansa. Os erros repetidos cansam. Cansa ter de apontá-los todos os dias. "Quem vai recuperar a economia, se todos estivermos mortos?", pergunta aquela que se diz "a mulher mais influente do YouTube". Está na turma que tem dinheiro no banco, que pede comida pelo aplicativo, que acompanha séries em plataformas de *streaming*... Não sei se adianta pedir a ela que explique por que países que fizeram *lockdowns* pesados, como Bélgica, Itália, Reino Unido, Portugal, Espanha, Peru e Argentina, estão entre aqueles com mais mortes por milhão. Por que, nos Estados Unidos, a Califórnia, que trancou tudo, está em situação muito pior do que a Flórida, que não foi fechada. Então, enfurnados em casa, escondidos no armário, não estamos protegidos? Pois é, confinamento não é vacina, não salva e, pior, provoca mortes, muitas mortes.

"Toda vida importa" é o mantra da turma da influenciadora digital. Na economia a gente pensa depois. Esse pessoal acredita cegamente em quem fala em ciência e ignora que existem ciências. É nelas, num plural bem amplo, que encontraremos a única saída para o que estamos enfrentando: as soluções equilibradas. Medidas restritivas pesadas, que há um ano não surtem efeito, são como um remédio que foi receitado de forma errada e, mesmo assim, seu uso vai sendo prolongado, sua dosagem vai sendo aumentada. Até a turma da OMS, de tantas idas e vindas, já bateu o martelo:

países em desenvolvimento, países pobres, principalmente, não devem adotar o *lockdown*.

A influenciadora deve achar mesmo que tem o poder de recuperar a economia, a do país, a dos seus seguidores, as finanças das pessoas mais vulneráveis. Terá também ela o poder de ressuscitar aqueles que, por causa da paralisação econômica, morrerão de fome, sem acesso a remédios? Aqueles que, atirados ao pânico, abandonaram tratamentos médicos, não fizeram exames para detecção precoce de doenças? No ano passado, o número de diagnósticos de câncer caiu 40%! E não foi graças a um avanço médico, um milagre. Há muita gente por aí com câncer que nem sabe da sua condição. Talvez a influenciadora salve essas pessoas e ressuscite aquelas que caíram em depressão e se mataram, as vítimas da violência doméstica. Tomara que ela consiga ajudar também quem não pôde fazer um transplante de órgão, uma cirurgia eletiva.

Alguém que abandona todo mundo que padece diante da derrocada econômica e do pânico não pode falar que toda vida importa. Equilíbrio. Para ter leitos hospitalares, leitos de UTI, não precisamos empurrar tanta gente para a extrema pobreza, para o desamparo. Foi o que ficou muito claro na entrevista que fiz esta semana com o prefeito de Aparecida, Luiz Carlos de Siqueira. Um relato impressionante, dilacerante. A cidade paulista, com 70% de sua população sem renda, passa fome. O prefeito, com lágrimas nos olhos, pede cestas básicas. Ele tem pressa, muita pressa. É devoto de Nossa Senhora Aparecida, sabe muito bem que ele e qualquer influenciador digital não têm o poder de ressuscitar alguém.

44. SEM HOME E SEM OFFICE

[08/04/2021]

Eles vagam pelas ruas, têm uma cor entre cinza e chumbo, seu próprio dia nublado e feioso. Têm lixeiras a visitar, pedidos a fazer, lamentos como ganha-pão. Qualquer coração de verdade entende e bate em descompasso, esbarra em tantas impossibilidades, suspira. Resta um sopro, a esperança sopra...

Eles estão por toda parte, carregam quinquilharias, um cobertor enfermo, trapos exaustos, sacos plásticos, um pedaço de papelão, um arremedo de barraca, carregam um pouquinho da desgraça de tudo. Nesse resumo vago das dores do mundo, seus olhares são vagos. Olhos que não veem e que a maioria não vê.

As duas cidades entre as quais me divido estão assim, cheias de olhares atropelados. O endereço é qualquer parte: viaduto, marquise, ponte, calçada, praça, beco. É a ausência por todo canto, de todo jeito, sem nome, sem trabalho, sem comida, sem saúde. Às dezenas, às centenas, aos milhares nas ruas.

São os mais pobres entre os mais pobres. Eram 25 mil em São Paulo, há pouco mais de um ano. Quantos serão agora? Quem vai contá-los, sem sair de casa? Falam em 15 mil no Rio, que um terço deles, há um ano, tinha uma casa, tinha para onde voltar no fim do dia... Talvez já não lembrem o nome da rua, o número, o bairro, a região, talvez não falem disso nas conversas nos bancos das praças, nos canteiros entre as pistas dos carros, nas marquises do sem-fim de lojas fechadas.

As casas já não existem. Outras, aos poucos, se desfazem. São pequenas, vão ficando menores, vazias... A geladeira está vazia. De repente, não há mais geladeira. Um sofá, um colchão, vende-se quase tudo. Vende-se por muito pouco, na deflação que o desespero, a incerteza e a fome provocam. Aceitam trocas também, aceitam feijão, arroz, cesta básica.

Mesmo trancado em casa, qualquer um pode ver: a pobreza no Brasil triplicou no último ano. Hoje, 27 milhões de pessoas vivem com uma renda mensal inferior a R$ 246,00! Não digam a elas que fiquem em casa, talvez elas não tenham casa. Com certeza, elas têm fome e uma expectativa de vida achatada.

De nada lhes servem os eufemismos... "Insegurança alimentar" é o quê? No ano passado, no Brasil, 19 milhões de pessoas passaram fome! E o drama só aumenta. Hoje, mais da metade da população do país, 117 milhões de pessoas, não sabe se terá comida suficiente no dia seguinte e foi obrigada a reduzir a quantidade e a qualidade dos seus alimentos... Nas filas para receber uma refeição há gente que antes doava e agora pede quentinha.

"Situação de rua" é o quê? Pedra, cimento, fumaça, poeira, noites estreladas assustadoras ou nuvens negras como teto, um dia inteiro de ausência. É o Brasil da fome, sem *home* e sem *office*. Quebrado, desempregado, sem renda.

Todos enxergam os hospitais lotados, os doentes, mas ninguém enxerga a fome. A miséria leva à morte de forma quase invisível... Olhem por todos, olhem por todos! Não há heróis entre as vítimas nas ruas, na extrema pobreza, elas não estão salvando ninguém.

45. CPI DA GOROROBA

[22/04/2021]

Tenho essas letras aqui. Não é muito, eu sei. Vou encaixando as palavras e as consumindo, como se fossem um antiácido, enquanto a CPI da Covid se aproxima. É uma ilusão passageira essa, de que será possível não ter embrulhos, engulhos, de que haverá como proteger o estômago, o coração. Os ouvidos serão feridos e os nervos serão sacudidos pela voz estridente dos que defendem o que não deu certo em lugar nenhum do mundo, em época nenhuma. Eles falarão, falarão... Já estão falando por aí, já sabem de tudo, já sabem de cor até o relatório final da CPI.

Não importa se o total de inquéritos, investigações e processos envolvendo alguns integrantes da comissão parlamentar seja um número estrondoso, contundente, capaz de provocar enjoos. Os nobres senadores apontam o culpado, com os dedos borrados de tinta. É a democracia, estúpido. E a acidez aumenta, com os papais senadores protegendo os filhinhos governadores...

Está na cara que, numa CPI assim, serão raros os olhares para estados e municípios. Mesmo que haja centenas de apurações já em andamento, que haja uma coleção de erros e irregularidades envolvendo governadores e prefeitos. Vem do fígado de alguns senadores da comissão a conclusão antecipada. Genocida! Erro. Omissão. Faltou coordenação nacional no combate à Covid. Faltou união, dizem os que sempre dividiram, os que só pensam em derrubar o presidente da República.

Trabalha também nisso o STF, que afirma que não tirou os poderes do governo federal no combate à pandemia, apenas deu autonomia a governadores e prefeitos... Isso não me desce pela goela. Se descesse, voltaria em refluxos, em caldo azedo, bem diante dos que se deliciam com a desonestidade, com as narrativas. Suas virtudes são todas falsas. Não lhes pertencem a bondade, a fraternidade, a solidariedade. Querem a tragédia! Não salvaram, não salvam e não salvarão ninguém. Muito pelo contrário. Tudo o que importa para eles é a guerra política.

Quem precisa de CPI? Quem precisa de CPI neste momento? Ela é uma gororoba, é inoportuna, feita por e para oportunistas. Eles têm pressa, não podem esperar. Seus interesses vêm sempre à frente. Disfarçados ou escancarados. Mandam parar o rito das reformas, concentração total no combate à Covid... Há quem acredite, quem finja não ver a politicagem. E o país vai quebrando, afundado em dívidas, em insolvência, em pobreza. As falsas dicotomias vão pondo tudo a perder.

Para salvar vidas de verdade, não precisamos atirar ninguém para a pobreza, o pânico, a depressão, um mundo de problemas e doenças. Não podemos parar o país. Há um governo e há uma agenda de reformas que precisa andar. Há uma gangue de sabotagem ao governo que precisa entender o momento delicado, que precisa pensar no Brasil. A agenda de reformas é fundamental para que vidas sejam salvas, agora e futuramente. Ela é muito mais importante do que qualquer CPI. Impedir ou atrasar seu andamento é uma sabotagem ao país. Ela precisa avançar, ou ainda vamos conviver por muito tempo com essa estranha sensação de enjoo e de morte que a fome provoca.

46. UM TEMPO VAGABUNDO

[21/05/2021]

Cursei um ano de Psicologia, antes de ingressar na faculdade de Jornalismo. Não tenho saudade das aulas de Neuroanatomia, impregnadas de nomes estranhos e formol. A melhor lembrança que guardo daqueles dois semestres é do meu professor de Psicologia Social, Bernardo Jablonski. Ele era incrível, era ator, diretor teatral, roteirista. Suas aulas eram concorridíssimas, reuniam estudantes de todos os cursos da universidade, mesmo que não matriculados na matéria.

Estudar como as pessoas pensam, influenciam e se relacionam umas com as outras é um desafio enorme, que Jablonski apresentava aos alunos com muito humor. Quando falou da dificuldade que temos de mudar a primeira opinião que formamos sobre alguém, os exemplos foram hilários... Se vemos alguém de quem não gostamos ajudando uma velhinha a atravessar a rua, a tendência é que pensemos: "Ele vai extorquir dinheiro da senhora...". E se vemos alguém de quem de cara gostamos socando uma velhinha, tendemos a pensar o seguinte: "A velhinha aprontou alguma".

A CPI da Covid é assim, já tem opinião formada, relatório pronto e não se convencerá nem será convencida de que esse não é o jeito certo de fazer um inquérito. Os senadores da oposição não escolhem apenas as perguntas, decidem também as respostas. Ai de quem não responder do jeito que eles acham que deve ser. Coação, intimidação, ameaça... Não venha com churumelas, os senadores querem saber da cloroquina do Bolsonaro, não querem saber da cloroquina do médico David Uip, da cloroquina do governador do Pará, Helder Barbalho, do governador do Piauí, Wellington Dias.

Não venha com esse papo de que o Brasil está se tornando o quarto país que mais vacina em termos absolutos no mundo. Poderíamos ser os primeiros! Sério? Os espancadores de velhinhas têm certeza disso. Eles acreditam também que "somos o país que mais mata de Covid no planeta", como afirmou o vice-presidente da CPI, Randolfe Rodrigues. Lançou essa enquanto tentava escapar de uma pergunta feita pela repórter Berenice Leite, do *Jornal da Cidade On-line*.

O que ela queria saber? Quando governadores e prefeitos serão convocados para depor na comissão. Quando se investigará o uso da bilionária verba federal enviada a estados e municípios para combate à Covid. Renan Calheiros, ao lado de Randolfe, disse que já há apurações sobre isso e que não vai fazer "uma dupla investigação". Só que também já existe uma investigação pedida pela PGR e autorizada pelo STF sobre a conduta do ex-ministro Pazuello na crise em Manaus... Duplicidade, sim, se eles quiserem.

Berenice insistiu: "E as investigações sobre cinco governadores encaminhadas à CPI da Covid pelo procurador-geral da República?" Randolfe disse que "qualquer fato correlato, conexo será investigado", deixando claro de novo que a CPI é para atingir o governo federal, o resto é secundário e evitável. Renan confirmou a estratégia, meio sem querer: "Vamos investigar tudo o que for necessário... dentro de um roteiro óbvio". E minha primeira impressão permanece: nosso tempo e nossa energia são mesmo vagabundos.

47. PAREM A LADAINHA

[27/05/2021]

São duas ladainhas. Uma critica o governo federal, e apenas ele, por ter oferecido medicamentos para o tratamento da Covid. Nenhum governo estadual e municipal fez isso... Sei. Qualquer hora vão dizer que o presidente não só comprou os remédios, como forçou todos os médicos da rede pública a receitá-los... Talvez descubram que muitos pacientes tiveram cápsulas empurradas goela abaixo pelo próprio presidente.

Já não dizem que os medicamentos têm "ineficácia comprovada"? O correto seria dizer que não há eficácia comprovada, cumprindo-se todas as etapas científicas. O que há são estudos que oposição e grande imprensa fazem questão de ignorar. O que há são médicos lutando para exercer sua liberdade profissional, é a experiência de milhares deles, sua observação, seus resultados pessoais no tratamento da doença provocada pelo novo coronavírus. A cantilena principal da CPI da Covid deveria ser encerrada, no imperativo da última fala da infectologista Roberta Lacerda no meu programa diário na televisão: "Deixem os médicos em paz".

Num breque definitivo, outra ladainha da comissão também deveria parar. Conta a história de que o governo federal poderia ter começado a vacinação em outubro ou novembro do ano passado. Se o Mandetta disse, está dito, não adianta respirar fundo... Tínhamos de ter começado antes até do Reino Unido, o primeiro a aplicar uma dose da vacina contra a Covid no mundo, em 8 de dezembro do ano passado... Sim, se tivéssemos desenvolvido um imunizante, se não dependêssemos da importação de insumos. Também se estivéssemos entre os países ricos, já que são eles que detêm a maior parte das vacinas. E vamos pular a parte em que demonstraram que o contrato assinado com a Pfizer para a compra de doses ficou melhor para o Brasil em termos de oferta do que o primeiro acordo proposto pelo laboratório. Quem quer saber disso?

E quem mandou falar mal da China? O Partido Comunista Chinês é tão bonzinho, está nos fornecendo vacina, melhor não mexer com ele, melhor agradá-lo. A CPI da Covid propõe, então, que os interesses chineses venham sempre em primeiro lugar, que Taiwan e Hong Kong se submetam logo a Xi Jinping, que o Brasil adote o 5G da Huawei, que vendamos ao PCC *commodities*, empresas, terras. A comissão recomenda precinhos camaradas. É tanta gratidão à China... Dá vontade de deitar no chão e deixar que os dirigentes comunistas do país asiático nos pisem, no vai e vem que lhes convier. É tanta gratidão, que talvez pudéssemos pedir empréstimos aos chineses, criar dívidas impossíveis de pagar. A Venezuela fez isso. Deve ser uma boa.

Está claro que o Partido Comunista Chinês é uma inspiração para alguns senadores da CPI. Veja o caso dos 17 cientistas ligados à OMS que conseguiram, depois de muita resistência do governo de Xi Jinping, entrar na China para uma investigação sobre as origens da pandemia. O trabalho deles poderia levar meses e deveria ser facilitado, livre, amplo, profundo. Mas são três letrinhas apenas, PCC, CPI, melhor resumir a história. Em 14 dias, sob severa vigilância dos chineses, os cientistas internacionais já tinham um relatório. E ficamos assim: ninguém vai querer saber de omissões, erros, crimes de "parceiros", eles não nos devem satisfação. Os alvos são outros. Contra eles há mentira, ameaça, coação, intimidação. É o que a gente vê no Partido Comunista Chinês, é o que a gente vê na CPI da Covid.

48. A CPI DOS "CORONÉ"

[03/06/2021]

Um jornalista de televisão não depende dos adjetivos. Ele tem as imagens, tem o áudio. Nesse veículo, raramente a adjetivação cabe. Quando escrevo textos para serem lidos, não falados, também não sou de ficar qualificando, classificando, caracterizando... Por isso, quando penso na CPI da Covid, ainda que muitos adjetivos desabonadores se apresentem apressadamente, eu me remeto a substantivos.

O que temos, afinal, nessa comissão, que pretende apenas emparedar o governo federal, sem disfarce algum? Bizarrice, deselegância, falta de educação, grosseria, arrogância, prepotência, ameaça, intimidação, coação, manipulação, falsidade, agressividade, tirania, boçalidade, violência, palhaçada, afronta, sem-vergonhice, despudor, indecência, covardia, estupidez, raiva, ódio, ataque, desrespeito, desonra, ignorância, hostilidade, brutalidade, bestialidade, ofensa, selvageria, truculência, abuso, indelicadeza, descortesia, ferocidade, rudeza, constrangimento, opressão, imposição, aspereza, desaforo, desfaçatez, insolência, massacre, boicote.

Não é contra todos, claro, porque a CPI prima pelo desequilíbrio, pela parcialidade, pela injustiça. Para aqueles que trabalham pelas narrativas dos senadores que têm contra si uma coleção de processos, inquéritos e investigações, há outra lista de substantivos: cumplicidade, benevolência, proteção, elogio, bajulação, complacência, elegância, educação, respeito, delicadeza — os antônimos de tudo o que atiram sobre os que trazem informações e explicações indesejáveis.

Para a turma que joga com os "coroné", há todo o tempo para falar, sem interrupções. Não tem essa de "sim" ou "não" como resposta. Simplesmente porque há um relatório pronto, todo mundo sabe, e cada palavra de apoio às narrativas será exaltada, enaltecida, estimulada. Já as palavras contrárias ao que o relatório da CPI quer impor como verdade serão interrompidas, cortadas, silenciadas, eliminadas.

Temos uma CPI tóxica, antidemocrática, que não persegue verdades, ou as persegue para silenciá-las, assassiná-las. O que incomoda é a voz mansa, o tom calmo e tranquilo, a argumentação, a capacidade de convencimento, a sensatez, o discernimento, a prudência, o verbo pautado na razão, no equilíbrio, na moral.

Então, tapem seus ouvidos, acreditem apenas nos senadores da oposição e naqueles que eles aprovam. É deles o palanque; são os objetivos políticos, partidários, eleitoreiros, comerciais e revanchistas deles que importam. Eles perguntam, eles escolhem a resposta. Querem enxergar hipóteses como fatos, querem eliminar qualquer chance de sermos um país sério. Trabalham nisso, com especial empenho, nas sessões da CPI no Senado, de terça a quinta. Exterminam a possibilidade de se estabelecer no nosso país, um dia, a cultura da verdade.

49. REINO DOS ABSURDOS

[30/09/2021]

É um absurdo atrás do outro. O avesso de tudo o que é desejável: a verdade, o fato, o argumento, o bom senso, a isenção, a imparcialidade... Quer saber como não se realiza um depoimento? É só assistir às sessões da CPI da Covid. A maior parte dos senadores está descontrolada. Claro, o que essa turma fala e faz é irrelevante; sua guerra eleitoral é muito particular. Por isso, entendo que, com o tempo curto, ninguém decente deve perder um minuto sequer com sessões fedorentas, mas é urgente que se faça um alerta.

Não ouse tratar pelos nomes seres tão especiais. "Eu sou senador da República!" virou "Sabe com quem está falando?". Você conseguiria chamar Renan Calheiros e Omar Aziz de "Vossa Excelência"? Não enroscaria na garganta? Acho que "senhor" não pode. Mas eles são, sim, os "senhores dos absurdos". Nunca pensaram em tomar o Código de Processo Penal como referência. Autoritarismo, abuso de poder e cerceamento de defesa, isso não falta na CPI, para horror dos verdadeiros juízes, procuradores e delegados de polícia. "Não adianta reclamar porque vai fazer do jeito que eu quero", deixou claro Omar Aziz. Renan Calheiros já disse que, como relator, "pode produzir prova"...

Crime não há. Eles estão à procura de um. O criminoso já estava escolhido. Quem é próximo dele vira cúmplice. No mínimo, cai por propagação de *fake news*. E você sabe o que é isso? Mentiras a gente conhece bem. Os senadores são muito afeitos a elas, num plural bem generoso: "Metade das mortes por Covid poderia ter sido evitada", "Poderíamos ter o dobro de vacinas hoje no Brasil", "Não existe imunidade de rebanho", uma consequência lógica de infecções e vacinação...

Mentem com tanta cara de pau que chegam ao ponto de propor um concurso de honestidade. "O senhor não é mais honesto nem mais trabalhador do que ninguém aqui", afirmou Aziz para o empresário Luciano Hang (Lula, que já se declarou "a alma mais honesta do Brasil", será *hors concours*). Claro que, num concurso de honestidade sério, Aziz, Lula e Renan não teriam chance. São colecionadores de investigações, processos, indiciamentos e até condenações, no caso do ex-presidente.

Sim, a CPI é esquizofrênica. Num dia, ouve a advogada que fala por 12 clientes que se mantêm anônimos... É a nova modalidade de depoimento por procuração, o advogado substitui o cliente na audiência. No outro dia, o advogado não pode abrir o bico. É do jeito que eles querem, esqueceu? Esses senadores são "comordidades", doenças que o Brasil enfrenta há tempos. O "rezisto" é de que eles têm alto potencial de destruição. Definitivamente, eles "fragelam" a nação. E nem a língua portuguesa escapa.

Então, aqui vem meu alerta... Omar Aziz sai da sessão com Luciano Hang com 200 cilindros de oxigênio, que o empresário enviou para Manaus, tilintando na cabeça. Renan Calheiros não terá como produzir nada além de um relatório final juridicamente nulo. Mas eles não desistirão. São os brasileiros que precisam desistir deles. Ou vamos ficar em casa até sentirmos falta de ar?

50. QUEM VAI CONTAR?

[14/10/2021]

Não me convenceram lá no início de 2020. Continuam não me convencendo hoje. Ninguém tem como provar que trancar as pessoas em casa, que parar a economia salvou vidas. Se *lockdown* tivesse esse poder todo contra o coronavírus, não teríamos entre os países com maiores taxas de morte por milhão aqueles que adotaram medidas restritivas mais pesadas e prolongadas. Para ficar aqui no nosso continente, Argentina e Peru, por exemplo. Vou mais longe: a falta de racionalidade no combate à Covid provocou muitas mortes e, infelizmente, provocará ainda por um bom tempo, por questões sanitárias e econômicas.

Empurrada para o pânico, grande parte da população abandonou cuidados médicos básicos. Exames para a detecção precoce de doenças cardíacas e de câncer praticamente deixaram de ser feitos. Assim como tantas cirurgias consideradas eletivas. Médicos têm emitido alertas sérios para o impacto prolongado na saúde dos brasileiros da drástica redução do número de cirurgias e exames. Só o primeiro semestre de 2021 teve 10 mil mortes a mais por doenças cardiovasculares, em comparação com o mesmo período do ano passado, um aumento de 7%.

A inatividade física, que já era grande, ficou ainda mais alta. Isso já representa gastos de R$ 300 milhões ao SUS. De um modo geral, o estilo de vida dos brasileiros piorou durante o isolamento social. As escolhas alimentares, o aumento do tabagismo, do consumo de álcool, de drogas, da violência doméstica, o uso excessivo de telas, de dispositivos eletrônicos. A falta de exposição ao sol, a falta de convívio com amigos, colegas, parentes... Depressão, desemprego, dificuldades financeiras... Subnutrição, falta de acesso a moradia, a remédios... A pobreza mata.

Temos agora uma "pandemia de inflação", que atinge sempre, implacavelmente, os mais carentes. Sim, o que enfrentamos é um fenômeno mundial. A inflação está alta até no país mais rico do mundo, os Estados Unidos, até no país mais rico da Europa, a Alemanha. "A economia a gente vê depois", diziam... Pois bem, o depois chegou, o resultado de restrições à produção de bens e serviços. E uma enorme quantidade de empresas quebrou, principalmente pequenas e médias. A redução da oferta, a quebra da cadeia produtiva, dificuldades logísticas, isso agora tromba com o excesso de dinheiro despejado por bancos centrais mundo afora. Não há equilíbrio entre oferta e demanda.

Desde o surgimento do novo coronavírus, contamos as mortes por Covid numa só totalização. Por quanto tempo será assim? E por quanto tempo teremos de contar as mortes de quem, diante de tantas medidas restritivas impostas, abandonou tratamentos médicos, deixou de fazer exames, engordou, entrou em depressão, perdeu a renda e agora perde da inflação? É dura a relação entre pobreza e queda da expectativa de vida. Atropelaram questões sanitárias e econômicas fundamentais... E por muitos anos haverá vítimas dessa onda irracional que varreu os continentes prometendo proteção contra a Covid. A pergunta é: quem terá a coragem de contar todos esses mortos?

51. PODEMOS PERGUNTAR?

[20/01/2022]

Continua sendo proibido questionar a origem do novo coronavírus? Por que a China se voltou contra as investigações? Por que a China perseguiu e prendeu médicos e jornalistas que tentavam alertar para casos de uma nova doença? Alguém acredita que a China fez tudo o que podia para impedir a propagação do vírus pelo planeta? Por que há tantas variantes do novo coronavírus? Quantas vezes a OMS errou, desde o aparecimento da Covid? Quantas vezes acertou? Quantas vezes a OMS ficou indo e vindo, abraçada, socraticamente, ao "só sei que nada sei"?

Quais foram os benefícios do *lockdown*? Se houve algum, ele não deveria ter surgido sempre 14 dias depois da adoção das medidas restritivas? Por que, enquanto o *lockdown* não dava resultado, a explicação era sempre que ele deveria ser ainda mais pesado? Por que, antes das vacinas, quando os números de casos e mortes caíam, mesmo que, por exemplo, dois meses depois da imposição de quarentenas quase universais, o mérito era sempre do "fecha tudo", do "fique em casa"?

Vamos ter de usar máscaras até quando? Em ambientes abertos, sem aglomeração, elas são necessárias? A guerra contra a autonomia médica vai acabar? Dipirona e medicamentos novos caríssimos estão liberados? Vacina no braço até quando? Quantas doses? Quais devem ser os intervalos entre elas? Estranho... não foi um dos criadores da vacina da AstraZeneca que disse que não dá para vacinar o planeta a cada seis meses, que é preciso priorizar os vulneráveis? No caso da Covid, crianças são vulneráveis? E não foi o CEO da Pfizer que desmereceu a eficácia de sua própria vacina no caso da *ômicron*? E não há um estudo em Israel indicando que nem uma quarta dose impede a infecção por essa variante, já dominante?

Sergio Moro, infectado pelo coronavírus, afirma que está assintomático porque tomou três doses da vacina... Isso é fato, é comprovável? Mas, antes das vacinas, 80% dos casos de Covid já não eram leves ou assintomáticos? É por causa da vacina que a pessoa, quando infectada, não tem um quadro grave? Não é a *ômicron*, mais transmissível e mais branda? Que sentido faz o passaporte vacinal? É possível comparar a vacina contra a febre amarela, uma doença com taxa de mortalidade altíssima, em torno de 50%, com as vacinas contra a Covid? Qual é a taxa de eficácia da vacina contra a febre amarela, em dose única, vitalícia? E as taxas de eficácia das vacinas atuais contra a Covid?

Quantos casos de possíveis efeitos adversos provocados por vacinas serão investigados? Temos ou não um aumento dos casos de miocardite, pericardite, trombose, infarto, AVC, neuropatia, mielite, colapso, mal súbito? Sucessivas doses de reforço das vacinas podem comprometer nosso sistema imunológico? A imunidade de quem se curou da Covid é alta? E pode durar quanto tempo?

Termino com duas citações, em vez de novas perguntas. Primeiro, o filósofo Karl Popper: "Ciência não é uma questão de crença. Trata-se de sempre questionar, duvidar e verificar se há muito dinheiro por trás de uma causa hipotética". Agora, o padre Paulo Ricardo: "Muitas pessoas não querem saber da verdade. Contentam-se apenas em saber se as opiniões que elas têm serão aceitas socialmente, ou se lhes causarão algum tipo de cancelamento na sociedade. Assim opera o reino da mentira, que jaz sob o maligno".

52. O PAÍS DO CARNAVAL

[03/03/2022]

Aquele carnaval que passou, o de 2020, foi "contagiante". O governador de São Paulo estava animadíssimo... "Tanto riso. Oh! Quanta alegria". E não vou atravessar o samba, entrar em especulações, discutir se teria sido melhor cancelar a folia dois anos atrás, se foi melhor mesmo cancelar a festa no ano passado, este ano. O que poderia ter sido, o contrafactual não vale muito, talvez nem o verso curto de um samba, uma rima apenas de um estribilho chiclete.

Pesquisadores ligados à Universidade Johns Hopkins, que não é escola de samba, que não vive no mundo da fantasia, disseram que, nesse enredo de combate à Covid, a adoção do *lockdown* foi uma bobagem. Grande parte da imprensa, um Pierrô apaixonado pela Colombina, pelo "fica em casa", pelo "fecha tudo", ignorou o estudo. Uma matéria curta, quase oculta, uma notinha no jornal, confete sem plural, coisa pouca, nada que entregasse o amor sem sentido de outrora.

Os jornalistas também podem ser ruins da cabeça, doentes do pé... São como aqueles presidentes ou patronos de escola de samba, aqueles que ninguém pode contrariar, contradizer. Um surdo de marcação no compasso errado, e a gente da imprensa relativiza o que é aglomeração. Tem seus próprios conceitos, sua verdade própria, e sempre o mesmo culpado por tudo, das mortes por Covid à guerra, passando pela falta e pelo excesso de chuva.

Os governantes proibiram os blocos, mas teve bloco, bloquinho, festa privada lotada. Teve bateria completa e feijoada nas quadras, minidesfiles de escolas de samba, um mundo de gente, milhares de foliões empolgados, "livres, leves e soltos". Os jornais descreveram: "foi um carnaval improvisado e inusitado", feito por quem "não suportava mais os dois anos de jejum momesco". Pela cobertura empática e fofinha da imprensa, acabou a pandemia (o que é ótimo!), mas vai o Bolsonaro dizer isso, vai o Bolsonaro aparecer na praia... Genocida é a fantasia que lhe vestem.

Então, entre para o arrastão do "Bloco Acorda pra Vida"! "Estamos em uma democracia", disse o prefeito de uma capital, você não soube? A bateria deu uma virada, mudou o andamento... Ninguém mais vai humilhar o povo, impedir a circulação das pessoas, ninguém mais vai nos impedir de trabalhar. Se tentarem de novo, vamos fingir que estamos festejando. Um tambor e um abadá resolvem, não importa a época do ano... E criança na escola de verdade, agora e sempre, é como criança na escola de samba, no carnaval, não precisa usar máscara contra vírus nenhum.

O dia vai clarear, e todos entenderão que a vida não pode mesmo ser um carnaval de ilusões, tem alegorias e fantasias, mas tem realidade, tem verdades. Tem adereços e tem o que a pode enfear, desalinhar, desguarnecer. Vamos evoluir, no tempo necessário, sem o enredo da hipocrisia, que, ao contrário do samba, precisa ter hora para acabar. E a hora é agora! Ou talvez nunca mais parecerá positivo, de novo, ser o país do carnaval.

LACOMBE
LACOMBE
LACOMBE
LACOMBE
LACOMBE
LACOMBE
LACOMBE

Mundo de Mentiras

53. MENTIRAS COMO CONTRAPONTO

[10/10/2020]

Estudei por muitos anos num colégio católico do Rio de Janeiro. Infelizmente, o São Vicente de Paulo da minha época (eu me formei em 1983) era dominado pela Teologia da Libertação. Vários professores, principalmente os de História e Geografia, trabalhavam incansavelmente pela doutrinação dos alunos. Rebatê-los, quando defendiam, por exemplo, a União Soviética, "o paraíso na Terra", exigia coragem, pela ameaça à autoridade em sala de aula e porque isso representava sério risco de o boletim vir com uma nota vermelha.

Eu não me calei, enfrentei as mentiras, que percorriam os séculos, Revolução Francesa, Revolução Cultural Chinesa... Cuba era a referência positiva mais próxima! Che Guevara, um humanista. O "imperialismo" americano seria vencido, assim como o regime militar no Brasil. E a maior mentira em relação a esse período do nosso país, que tantas vezes ouvi nas salas de aula do velho "São Viça", ainda está por aí, sendo repetida por professores e políticos de esquerda. Pois bem, não era por democracia que lutavam os guerrilheiros comunistas do Brasil, o que eles queriam era outro regime autoritário: a ditadura do proletariado.

A pergunta que trago é: como manter um debate político, se ouço mentiras como contraponto? Como enfrentar a desonestidade intelectual? Como aceitar que abandonem o mundo real? Sim, porque, no mundo imaginário da esquerda, as narrativas podem ser repetidas mil vezes, mas não são capazes de transformar em socialistas os países nórdicos. Eles são, no máximo, social-democratas. Podem se dar a esse "luxo" porque se desenvolveram e acumularam riquezas, apostando por cerca de cem anos no livre mercado e numa indústria forte. No *ranking* mundial de liberdade econômica, estão entre os primeiros.

Outra que ouvi esses dias: "as mulheres encontram barreiras para seguir carreira política no Brasil". Era uma defesa da patética cota obrigatória de 30% de mulheres entre os candidatos de todos os partidos políticos em eleições proporcionais. Então, talvez seja o caso de propor também cotas para mulheres nos cursos de engenharia e de homens nos cursos de nutrição, fisioterapia... Adianta dizer que tivemos uma mulher presidente, eleita e reeleita? Uma mulher pode até se candidatar pelo Partido Comunista do Brasil, representante de um regime que matou 100 milhões de pessoas pelo mundo, e mesmo assim virar prefeita de uma capital importante.

Os absurdos me perseguem: "*Black Lives Matter* é um grupo pacífico e democrático". O STF (logo ele) "conteve arroubos autoritários do governo Bolsonaro". "As leis trabalhistas brasileiras não prejudicam a geração de empregos"... Quando o presidente da Câmara dos Deputados pede desculpas ao ministro da Economia, Paulo Guedes, eu queria que pedisse desculpas ao Brasil. E o que volta como "contraponto"? "Rodrigo Maia é um grande líder". Não, não é. Rodrigo Maia é apenas rechonchudo.

54. DESIGUALDADE OU POBREZA?

[05/12/2020]

Sou muito calmo, apenas duas vezes na vida tive que subir o tom para valer e botar o dedo na cara de alguém. Nas duas ocasiões, foi necessário. Ou você permitiria que um sujeito não tirasse o olho de sua namorada, mesmo com você ao lado? Ou você aceitaria que um chaveiro, para abrir a porta do seu imóvel fechada pelo vento, com sua mulher do lado de fora e seu filho pequeno do lado de dentro, cobrasse dela o equivalente ao investimento numa indústria de fechaduras? Alguém que se aproveita do desespero de uma mãe, para "levantar um troco", merece o quê? Vamos admitir, tudo tem limite, e talvez eu esteja perto de perder novamente a calma, depois de tantos e tantos anos.

Tem se tornado cada vez mais difícil para mim tolerar discursos de combate à desigualdade social. Olho cada vez mais atravessado para aqueles que querem tirar dos ricos para dar aos pobres. A riqueza não é um bolo único que deve ser dividido igualitariamente por todos. Precisamos é criar um ambiente amigável para os empreendedores, são eles que geram riqueza o tempo todo. Eles, "os cavalos que puxam a carroça", como dizia Winston Churchill. O que queremos, voltando à analogia do bolo, é permitir que todas as pessoas tenham oportunidades para conquistar, por seu esforço e mérito, o seu pedaço, e que essa porção seja suficiente para matar sua fome e permitir que elas prossigam na luta, com dignidade.

João não é rico porque Pedro é pobre. A desigualdade social entre mim e o Neymar não choca a sociedade. Agora, a desigualdade entre mim e um morador de rua, um mendigo, sim, choca qualquer um. Perceba, estamos falando de desigualdade ou de pobreza? Portanto, dedo na cara de quem insistir nessa história de combate à "desigualdade social", que sempre houve e sempre haverá. Temos, sim, que combater a extrema pobreza e a pobreza. Aliás, o capitalismo vem fazendo excelente trabalho nesse sentido. Na década de 1960, 40% da população mundial viviam na extrema pobreza. Hoje, com a riqueza gerada pelos verdadeiros capitalistas, que aceitam regras claras e concorrência leal, esse índice caiu para 8%. Até que surgiu o vírus chinês.

Agora, com a "fraudemia" a todo vapor, não vejo a turma que apoia o confinamento da humanidade, que não enxerga a relação direta entre economia e saúde, a mesma que inventa um combate à desigualdade social, reclamar que, este ano, os ricos ficaram mais ricos e os pobres ficaram mais pobres. Olhe os números: a fortuna dos bilionários cresceu 30%! E a taxa de pobreza extrema no mundo deve chegar a 9,4%... Cadê os empregos? As micro, pequenas e médias empresas? Cadê a justiça de verdade, não a irreal "justiça social". Não dá para viver num mundo imaginário. Vamos levantar a voz e botar o dedo na cara de quem faz questão de não entender que o verdadeiro combate é contra a pobreza e a extrema pobreza. Inclusive, de espírito.

55. PARA NOCAUTEAR NARRATIVAS

[24/06/2021]

São muitas narrativas. Estão prontinhas para enganar, principalmente os leitores de manchetes. Mentiras completas e meias verdades que arrastam os desavisados, desatentos e desinformados e estimulam os já mal-intencionados. Há uma turma que se especializou nisso, em tentativas de assassinato de reputação. Sua falta de caráter, sua leviandade, desonestidade, seu mau-caratismo não têm limites.

Grande parte da imprensa, infelizmente, está nessa, como cúmplice até de senadores da República, de juízes da Suprema Corte, de uma oposição destrutiva, até de parlamentar que se diz governista. Não se constrange com a inconsistência, com linhas tortas que não estão nem aí para a realidade, por falas que não resistiriam a duas ou três perguntas que o bando não quer fazer e tenta impedir que sejam feitas.

Quem pode perguntar? De quem desejam "respostas"? É sério que acham normal a tentativa de impor narrativas contra aqueles que definem como seus inimigos? Políticos, jornalistas, médicos, cientistas, empresários... Não é como nas guerras, que têm regras. Está valendo tudo. E eu pergunto: é assim que vamos estabelecer a moralidade pública, a ética?

Quem somos nós, afinal? Quais são os critérios, os parâmetros, os referenciais, as leis, os códigos, as regras que usamos para decidir o que é legal e moral, ou ilegal e imoral? O que está atrelado ao bem, o que está atrelado ao mal?

Quem tem o direito de definir isso? Quanta manipulação, quantas interpretações equivocadas, grosseiras, maldosas serão permitidas, em doses de veneno distribuídas diariamente, a todo instante?

Há falsas promessas de salvação e segurança. E toda indecência e todo indecente devem ser rechaçados. Chega de narrativas! Não podemos aceitar passivamente a condenação a um mundo de enganações e mentiras.

Não importa quem seja, em que área profissional atue, toda pessoa deveria ter algumas características imprescindíveis a qualquer jornalista. Precisamos ser, todos nós, desconfiados, curiosos. Nunca houve, aliás, e agora está muito claro, os detentores da verdade. Há os que se vendem assim, com arrogância e prepotência. É preciso questioná-los, apurar profundamente tudo o que propalam.

Deixo aqui uma pergunta final, fazendo uma analogia com um dos esportes que pratico: o boxe. Se você entrasse num ringue como deve ser, calçando luvas, e visse no outro canto o seu adversário usando soco-inglês nas duas mãos e tendo uma faca na cintura, o que faria? Sairia do ringue e voltaria a ele também portando armas? Ou faria de tudo para convencer seu oponente a jogar dentro das regras? Eu não vou tirar minhas luvas.

56. DESONESTIDADE, INCOMPETÊNCIA E CENSURA

[01/07/2021]

Há engrenagens enferrujadas, desgastadas, rangendo, estalando, desalinhadas, fora de prumo. Não dá para acreditar que estejam em operação, que ainda se movam. É um compasso histérico, de algo que já deveria ter virado pó, se desintegrado. Lembram um ferro-velho, um monte de peças roubadas que receptadores tentam legalizar. Uma estrutura bamba, capenga, com alavancas empurradas por juízes do Supremo, imprensa militante, pesquisas eleitorais mirabolantes, uma oposição mal-intencionada, sempre voltada à desonestidade, ao atraso, à destruição.

Os dentes metálicos das engrenagens já mal se encaixam, mas vão moendo pessoas desmemoriadas, sem informação, fracas. Leis, tribunais de várias instâncias, produtos de roubos, de desvios, de corrupção, verdades estabelecidas por "provas sobradas", tudo vai sendo triturado. Resta uma pasta pegajosa com que tentam encobrir a justeza, a legalidade, a correção, o caráter.

Não fazem força para fingir que não houve roubalheira, mensalão, petrolão... Fingem com a maior cara de pau. Quando alguém da turma do mal finalmente admite a prática de todos os crimes, ou parte deles, faz de conta que o chefão não sabia de nada... É um bando, uma corja que deveria pagar por tudo de horroroso que fez, que deveria estar recolhida ao silêncio, à expiação de seus pecados, tantos pecados. E a quadrilha está aí, aumentada, achando que pode tudo, e as pessoas de bem que se danem.

Querem se vender como os mais honestos do mundo, os grandes defensores da liberdade. E dizem abertamente que vão "tomar o poder, que é diferente de ganhar a eleição" e consideram a brutal ditadura chinesa um "exemplo para o Brasil" porque lá "o governo é forte, e a população obedece". Para acreditar neles, só pessoas sem caráter também, ou com existência reduzida a quase nada, a um completo não ver, não ouvir, não pensar. Chega a dar enjoo ver o grupelho apregoando seu mundo inexistente de honestidade, bondade e até competência.

Sim, nada há de verdadeiro neles, só o desejo de enganar. Defendem ideias que nunca deram certo em lugar nenhum do mundo, em época nenhuma. Já andam falando em romper o teto de gastos, de imprimir dinheiro... Querem voltar a criar estatais, querem mais Estado. Juram que um Estado fomentador de crescimento e desenvolvimento é a solução, sem poder citar um exemplo sequer de uma experiência assim que tenha funcionado. A realidade é que não há limpeza geral na ficha de nenhum ladrão que o torne verdadeiramente honesto e muito menos competente. Basta olhar um "ferro-velho" aqui ao lado chamado Argentina.

57. FOICE, MARTELO E PEDRAS

[08/07/2021]

A foice e o martelo marcham pela Avenida Paulista. Servem para isso, para dar golpes, bater, ceifar, cortar. Carregam milhões de mortes pelo mundo, ao longo da história, em guerras, revoluções, fuzilamentos, forcas, fome, miséria, doenças... Seus assassinos e genocidas passeiam como heróis, como "justiceiros sociais", com faixas, cartazes, bandeiras, camisetas, boinas e bonés, por uma das principais avenidas da maior cidade do Brasil. É o desfile da enganação, da hipocrisia, do ódio.

Não é tanta gente, mas é uma gente estranha. Lá vão os "antifascistas" que prestam homenagem a Getúlio Vargas, que defendem mais Estado, que querem um Estado tutor, dirigindo nossas vidas nos mínimos detalhes... São violentos e totalitários, isso eles nem disfarçam. Espancam social-democratas, depredam pontos de ônibus, uma loja de carros, incendeiam uma agência bancária, montam barricadas na rua, pedaços de madeira, papelão, sacos de lixo, álcool e fogo.

Querem mesmo o fim da polícia, não basta estampar esse desejo numa faixa, gritar contra as forças de segurança. Chutes, voadoras, paus e pedras nos policiais, em agentes que tentam proteger uma estação do metrô. Encapuzados e mascarados, muito antes de qualquer vírus... Escondem o rosto, mas não podem esconder sua ignorância ou seu cinismo.

A foice e o martelo são o símbolo de um regime autoritário, que suprime todas as liberdades, que finge preocupação com a distribuição de riqueza, mas não tem como produzi-la, e o que distribui, na verdade, é a miséria. Exceto, claro, para a casta dominante, os políticos de um partido único.

Podem chamar de comunismo, socialismo, podem trocar para "progressismo", não há disfarces que socos, chutes, pauladas e pedradas imponham. Nunca deu certo, e nunca dará. A ideologia que defendem com violência, destruição, com vandalismo é a mais assassina da história. Ruy Barbosa, cuja obra meu avô materno organizou e publicou, sempre soube disso: "O comunismo não é a fraternidade: é a invasão do ódio entre as classes. Não é a reconciliação dos homens: é a sua exterminação mútua. Não dá tréguas à ordem, dissolve a sociedade, desumana a humanidade".

Combater um fascismo imaginário, marchando por ideais totalitários, num movimento claramente antidemocrático, é patético. Sou totalmente a favor da liberdade de expressão, da livre manifestação de pensamento, mas permito-me apontar incoerências, desonestidade, falsidade. Bater e ceifar, espalhar foices e martelos por uma avenida, pedindo a ditadura do proletariado, o comunismo... Como é possível entender alguém que defende a implantação de um regime que proíbe as manifestações? Ou já liberaram protestos na China, Coreia do Norte, Venezuela, Nicarágua, em Cuba, e eu não fiquei sabendo?

58. CONTRADIÇÕES E ENGANAÇÕES

[24/02/2022]

Sempre gasto algum tempo pensando no tema desta coluna. Não por falta de assunto, pelo contrário. Há uma capacidade mundial absurda de produzir absurdos, e eles precisam ser apontados e contestados. Todos vêm carregados de contradições e incoerências. Nada se sustenta no discurso de enganação de quem tenta, principalmente, sinalizar virtudes. São pessoas afundadas na mais abjeta falta de bom senso, na mentira descarada lançada, no fim, contra todos nós. Ainda que não saibam (e muitas sabem), elas são diabólicas.

Começo pela entrevista da megaempresária Luiza Trajano. Como quase todo mundo que se diz socialista, ela não sabe o que isso significa. Renasceu na desigualdade promovida pelo capitalismo de Estado, que, no fundo, não é capitalismo, já que implode regras claras e concorrência leal. Jura que ser socialista é se preocupar com os mais pobres, fazendo questão de ignorar que só o capitalismo de verdade gera riqueza e diminui a pobreza. No fundo, ela sabe, e os números não negam. Na década de 1960, a porcentagem da população mundial na extrema pobreza chegava a 40%. Hoje, não passa de 10%. Seria mais baixa, se não fosse o combate tresloucado à pandemia, que derrubou a economia.

Cabe aqui um "parágrafo entre parênteses...". Jamais esquecerei de uma entrevista que fiz com Luiza Trajano, num antigo programa de TV que eu apresentava. Era o início do "fecha tudo; a economia a gente vê depois...". Ela teve a desfaçatez de pedir a todos os empresários, em rede nacional, que não demitissem seus funcionários. Afirmou que suas empresas tinham condições de sobreviver por três anos sem receita e sem demissões. Suas empresas! Foi interpelada no ar pelo *chef* de cozinha do programa, Dalton Rangel, cujo restaurante, obrigado a fechar as portas, começava a acumular dívidas, no caminho inevitável da falência, com a demissão de 42 pessoas.

Deixo claro: é preciso combater a extrema pobreza e a pobreza, não a desigualdade social, que sempre haverá. O mundo real derrubou todas as teorias socialistas, suas inconsistências, incongruências. Aliás, contradições e enganações são o tema da coluna de hoje. Por isso, não é digressão falar agora de uma desigualdade, disfarçada de discurso igualitário, que devemos combater. Temos um novo fenômeno na natação! Chama-se Lia Thomas e assumiu o primeiro lugar no *ranking* americano em todas as provas que disputa. Enquanto chamou-se William Thomas, competindo entre os homens, não figurava nem entre os quinhentos melhores nadadores dos Estados Unidos...

Mais engano, mais enganação: o assassinato de crianças no ventre das mães até os seis meses de gestação aprovado na Colômbia, sob aplauso de parlamentares brasileiras. A desculpa é que muitas mulheres morrem em cirurgias clandestinas para interromper uma gravidez. Melhor autorizar logo a matança dos bebês. A contradição humana não tem fim. Não comem carne nem derivados de animais, mas festejam vidas ceifadas no ventre. E como ficam os médicos, que juram "guardar respeito absoluto pela vida humana desde o seu início"? Hipócrates, pai da medicina, nasceu quase 400 anos antes de Cristo... Não é uma questão religiosa, mas, Deus, olhai por nós!

59. OS CAMPEÕES DE MENTIRAS

[07/04/2022]

Não quero um "pai de todos" para pegar na mão de cada cidadão e conduzi-lo ao reino da correção, da verdade. Um lugar que, no fim, nem existe, mal disfarçado sobre leis rasgadas e conceitos particulares, quebradiços, insanos. Só esse tutor sabe o que é correto, o que é real. Vende-se como o detentor das soluções para todos os problemas. Só ele mesmo sabe o que é melhor para todos nós. Ele nos diz o que é verdade e o que é mentira. Ele diz o que podemos ver, ouvir, ler... Ele diz o que podemos pensar, o que podemos dizer, o que podemos emitir como opinião. Ele nos impede de perguntar, elimina o questionamento, o debate. Ele persegue, censura, prende. E é tudo para nossa salvação e segurança.

De uns tempos para cá, o STF tem criado um reino absoluto. O povo, despreparado, ingênuo, vulnerável, será salvo pelos seres supremos, os "senhores da razão", aqueles que sabem verdadeiramente o que é democracia e como defendê-la... É por isso que os juízes estão, de novo, envolvidos em matéria legislativa: a discussão sobre o projeto de lei das *fake news*. Não bastam as garantias a liberdades previstas na Constituição, a proteção à liberdade de manifestação do pensamento, da atividade intelectual, artística, científica e de comunicação, sem qualquer tipo de censura ou licença. Os juízes se metem onde não devem, e sempre no lado errado da briga.

Os ministros defendem o projeto, a despeito da Constituição, dos crimes contra a honra — calúnia, injúria e difamação — previstos no Código Penal, do próprio Marco Civil da Internet e da Lei Geral de Proteção de Dados. O que temos de leis já nos garante a liberdade de opinião, com responsabilidade, e a liberdade de receber e transmitir informações ou ideias, sem ingerência do poder público. Já temos as bases para um Estado plural e democrático, mas o STF e 249 deputados federais querem destruir tudo isso, querem censura. O combate à desinformação e às *fake news*, conceitos obscuros e subjetivos, não tipificados criminalmente, serve sempre de desculpa... E caminhamos para o fim da liberdade de expressão, do livre acesso à informação, com a criação de um aparato de controle estatal das redes sociais e de seus usuários.

As grandes empresas de tecnologia são contra o projeto, mas não por amor à liberdade. Elas próprias apostam na censura, no cancelamento e banimento. Não querem concorrência, quando o assunto é controle de conteúdo... Há tantos interesses em jogo. A mídia tradicional, que tinha o monopólio da informação, que era a dona da verdade, está de olho grande. No fundo, são todos ardilosos... Falam em liberdade? Entenda-se censura. Falam em democracia? Entenda-se ditadura. São campeões da mentira metidos a tutores. Vamos esfregar na cara deles nosso senso crítico e rasgar toda dissimulação, principalmente as travestidas de leis.

60. OS DEUSES IMBECIS

[19/05/2022]

Ah, os imbecis. Eles estão por aí, estão em toda parte, desde que o mundo é mundo. Podem atuar isoladamente, podem se agrupar, aos milhares, aos milhões, ou em grupos menores, de 10, 11 pessoas. O pior imbecil, claro, é aquele que não se sabe imbecil, que inventa inimigos e os trata como imbecis. É o tolo que se acha inteligente, o petulante dado a covardias. A internet não os criou. Imbecis, já falei, sempre houve e sempre haverá.

Podemos não ouvi-los, não prestar atenção neles, mas, supondo que somos democratas, defensores da liberdade, não podemos tentar calar, aniquilar os imbecis. Democracia é também dar voz a todo tipo de gente, e os imbecis são gente. É preciso deixá-los em paz nas suas imbecilidades que não infringem as leis. Até que um imbecil rasga as leis! Alguém desprovido de inteligência, já que desconsidero a existência de uma "inteligência do mal". Ser do mal nunca me pareceu inteligente.

A internet deu voz a todo mundo, incluindo os imbecis. Não que eles não tivessem voz antes. Insisto, os imbecis sempre estiveram entre nós, metidos em todo tipo de atividade. Eles também têm poder, são encontrados em cargos importantes, podem mergulhar em qualquer imbecilidade, tentando revesti-la de bom senso, de caminho inescapável para aquilo que eles próprios não querem atingir, mas dizem defender. O imbecil é, quase sempre, um sonso, um fingido.

Há discursos, há manchetes, há decisões jurídicas que são tolices irritantes, engodo. Em todos os Poderes, em todas as áreas, na imprensa, na cultura, na mídia, no ensino, em todo canto, prosperam indigência moral e miséria intelectual. E os imbecis juram que trabalham por um mundo melhor. Querem dirigir consciências e têm desprezo pelo debate, por argumentos, provas, pelo que está expresso com clareza na lei. Os imbecis podem não dar satisfação a ninguém.

O imbecil tem seus próprios interesses, que ele jura serem os interesses de todos (exceto daqueles que o imbecil considera imbecis...). São, definitivamente, os seus critérios que definem o verdadeiro e o falso, o certo e o errado, o bem e o mal, o legal e o ilegal, o bandido e o mocinho... O imbecil erra muito. E o perdão, muitas vezes, pode ser perigoso e levar a novos erros.

Certo é que não há lei que suporte um imbecil poderoso e suas "aventuras autoritárias", em que, aliás, ele não se enxerga, em que enxerga o inimigo. O que fazer, então? Olavo de Carvalho escreveu: "Para aqueles mesmos que não se enxergam e por não se enxergarem se mostram, quando deviam ocultar-se. Faze o trabalho do espírito: mostra-os a si mesmos, para que os humilhe o que os lisonjeou um dia, e, tombando de quanto mais alto subiram, conheçam que humanos são".

61. CONCLUSÃO FATAL

[23/06/2022]

O que dizer de quem acredita em promessas que não podem ser cumpridas? O mundo real é tão escancarado que é difícil compreender essa gente. Só o delírio para explicar a devoção por regimes como o de Cuba, da Venezuela, da China... Gente que não enxerga, ou faz questão de não ver. Gente sem informação, sem conhecimento, sem memória. Gente que sonha, ignorando os pesadelos que o socialismo, o comunismo, que essa porcariada toda impõe diariamente, e sem piedade, a quase dois bilhões de pessoas. É tão difícil assim entender que já não deu certo, que nunca dará?

Nenhum avanço econômico pode estar ligado à falta de liberdade. Não há como defender uma ditadura, não importa qual seja. Não há como defender o Partido Comunista Chinês. Danem-se os crescimentos recordes do PIB, se o ar que se respira é denso, é tenso, se todo passo é vigiado. Quer ser uma superpotência? É justo, desde que, primeiro, se torne um país livre e democrático. E para isso, claro, não há como apostar num Estado opressor, controlador de tudo e de todos.

Agora, caminha a Colômbia para um buraco sem fim de fracassos. Um ex-bandido no poder, guerrilheiro ligado a narcotraficantes, prometendo, de cara, libertar criminosos. E já se conhecem seus crimes por vir... Aumento de impostos, dos gastos do governo, da dívida pública, aumento do Estado... Intervenção constante na economia, tabelamento de preços, impressão de dinheiro, programas sociais a rodo...

Aversão ao capital privado, estatização generalizada... A Colômbia vai quebrar.

O futuro presidente do país, que foi amigo de Hugo Chávez, também fala em "justiça social", em "justiça racial", mesmo que se saiba que verdadeiramente só existe justiça, sem complementos, a mesma para todos, ou deixa de ser justiça. São os "ungidos" de que fala Thomas Sowell, aqueles que têm "superioridade moral", que têm a cara de pau de desconfiar da realidade, já que ela não condiz com a visão dos socialistas. Todas as evidências, todos os fatos são contrários às suas ideias. Então, o real é suprimido e anuncia-se um mundo de fantasias.

Sempre vendendo utopias, os socialistas estão voltando ao poder, prontos para manter os pobres na pobreza, dependentes do Estado. Já faz tempo que esse bando se apropriou da bondade, da fraternidade, da solidariedade. Eles têm poderes demoníacos para enganar, para iludir. Discordar deles, ainda que com base em fatos e acontecimentos irrefutáveis, é ser considerado egoísta, insensível, mau. Estamos todos em perigo. A realidade foi bloqueada, como bem explica Thomas Sowell, "para que uma perigosa ação em curso possa prosseguir cegamente até sua conclusão fatal".

62. CIRANDA, CIRANDINHA

[04/08/2022]

A falta de critérios é tão perigosa... A falta de informações, a ignorância, a surdez e a cegueira seletivas, a hipnose, a ilusão, a ingenuidade, a fraqueza de caráter, a incapacidade de lidar com fatos... Tudo isso pode arrastar uma pessoa para o lado errado. O bem e o mal sempre existiram, e confundi-los, enxergar um no lugar do outro, não deveria merecer perdão. Talvez uma vez, uma vez apenas. Ou os enganados e os que se enganam voluntariamente seguirão entregues... E nunca entenderão coisa alguma, estancados em sua incapacidade de evoluir. Tadinha, ela não sabe de nada, não teve condições, não teve chance de saber, é manipulável, sugestionável... No fundo, bem lá no fundo, é uma pessoa tão bondosa, tão altruísta, generosa. Brada mentiras, inocentemente. Suas inclinações são para o bem, e nunca será má de verdade, mesmo de mãos dadas com a maldade.

Há tanta gente sendo formada, sendo forjada no ódio e na raiva, enquanto faz um coraçãozinho com os dedos. E entrelaça os polegares, abre as palmas das mãos, forma a pomba da paz. Dá tapinhas singelos no lado esquerdo do peito e manda beijinhos para malvadões, dá abraços apertados em demônios, enxergando ou querendo enxergar neles flores de formosura. Em nome do bem, o verdadeiro, o indisfarçável, é preciso interromper sonhos equivocados. As utopias endiabradas, infernais não podem mais conduzir ninguém.

Já entregaram o Nobel da Paz para o presidente americano que mais jogou bombas no Oriente Médio... Há uma confusão de sentimentos, de cores. E despejaram estranhamente da Casa Branca o homem-laranja, o malvadão dos malvadões, que não começou nenhum conflito armado. Seu discurso foi rasgado por mais uma intermediadora de grandes negócios, uma espécie de representante comercial, mestre em negociatas. É da turma que não sabe o que é paz, e nem a quer, que não sabe o que é recessão, incapaz até de definir o que é uma mulher. Um país conduzido pela senilidade de um governo, não de apenas uma pessoa. E o mundo sem Trump já deveria estar maravilhoso e "mais suave".

Querem transformar os cavaleiros do Apocalipse em bondosos senhores. E eles já não são quatro, estão em maior número, arrastando incautos e seres odiosos por natureza. O que ainda podem os bons contra os maus, os doentinhos e aqueles de índole ruim? A espada afiada agora é uma agenda de maldades, cheia de florzinhas, de enfeites coloridos. "Ciranda, cirandinha, vamos todos cirandar"... Putin, Xi Jinping, Lula... Nações Unidas, OMS... Os alemães puxam a União Europeia para a roda, dão risadas. E o mundo gira, e o mundo gira, vai dando uma tonteira... Não se engane, solte sua mão e saia, mesmo que cambaleando. Aprume-se, enxergue o mundo real. Ainda temos chance.

LACOMBE
LACOMBE
LACOMBE
LACOMBE
LACOMBE
LACOMBE
LACOMBE

Fim de Ano

63. A SUA RETROSPECTIVA

[19/12/2020]

O jornalismo tem muitas etapas. Todas elas são importantes, mas há duas mais sensíveis. Nelas está o maior risco ao verdadeiro jornalismo. É nelas que se esbaldam aqueles que apostam na militância... Na hora de escolher as histórias que serão contadas, e, no momento seguinte, quando se decide como cada história selecionada será contada.

Vamos imaginar, por exemplo, que você tivesse que escrever uma retrospectiva jornalística de 2020. Que critérios usaria para selecionar os fatos, os acontecimentos mais importantes deste ano doido que termina? E como trataria cada uma das pautas, cada um dos temas escolhidos?

As eleições municipais seriam incluídas? Se sim, o que você destacaria delas? Aqueles que dividem a humanidade em grupos talvez destacassem a participação de mulheres, negros e transexuais no pleito. Não lhes passaria pela cabeça falar do derretimento do PT e da esquerda, de um modo geral, do crescimento dos partidos de centro-direita.

Essas mesmas pessoas talvez pinçassem o *Black Lives Matter* e o tratariam como um movimento contra o racismo. Não importa que o grupo ignore os negros mortos por outros negros, os policiais negros agredidos e mortos por integrantes do próprio BLM. Não sei quanto a você, eu falaria de um grupo terrorista, como demonstram seus atos, e político, marxista, revolucionário, com base em entrevistas de duas de suas fundadoras.

Na minha retrospectiva não haveria aplausos para a censura, não haveria aplausos para o Supremo Tribunal Federal. E você? O que deixaria de fora? Bloqueio de contas nas redes sociais, o inquérito das *fake news* quebrando todos os recordes de ilegalidade, a prisão de um jornalista? Alguns talvez citassem o presidente da República, que mandou um jornalista calar a boca, mas esquecessem em que lugar um ministro do STF mandou um repórter enfiar uma pergunta.

Eu lamentaria todas as mortes, não apenas as provocadas pelo coronavírus. As vítimas das quarentenas, dos confinamentos, as pessoas que caíram em depressão, que cometeram suicídio, que abandonaram tratamentos, que não fizeram exames para detecção precoce de doenças. Aquelas que foram atiradas à miséria, à fome, 115 milhões em todo o mundo.

Seriam citados também os governantes oportunistas e egoístas, o "Covidão", as investigações sobre contratação de serviços e compras superfaturadas de equipamentos hospitalares e de proteção individual. Os hospitais de campanha que mal funcionaram. A falta de critério nas medidas de combate à Covid, o auxílio emergencial, o maior programa de proteção social do mundo.

Mesmo com tantas notícias ruins, minha retrospectiva do ano não me levaria a esmorecer, não me faria fraquejar. Todo olhar equilibrado e sensato para o que foi 2020, no fim, é uma procura... Em meio à neblina, ainda resistem dois fatos: não se perderam para sempre as liberdades, não se perdeu a esperança.

64. ALMOÇO DE NATAL

[25/12/2020]

Os almoços de Natal na casa de meus avós maternos eram mágicos. Diante do presépio, montado logo na entrada, eu me detinha por alguns minutos, rezava. Jesus, o aniversariante, nos unia. Tios, primos, tios-avós... Não havia ausências, silêncio, falta de amor. Aquele dia, aqueles momentos, eu tentava uma forma de estendê-los indefinidamente, como desejou Carlos Drummond de Andrade em crônica que termina com a seguinte frase: "E será Natal para sempre".

Meus avós, tios-avós, um primo, um tio, meu pai, os que já se foram continuam comigo, vivos no meu coração, na minha lembrança. Olho em volta, e não há Natal sem eles. Hoje, sob a árvore, deixaram mais uma vez para mim um grande cesto de palha. Quem me oferta este presente trançou com as próprias mãos a palha, e organizou no bojo do cesto ferramentas que aprenderei a usar, atento à voz calma, aos ensinamentos passados num sotaque alemão.

Frederick Bonawitz, um judeu, fugiu da Alemanha nazista. Era carpinteiro, marceneiro, serralheiro, era um artista. Não havia nada que seu talento, sua criatividade, suas mãos não pudessem produzir. Quando conheceu a irmã mais velha de meu avô materno, Tia Mabel, a família dela, católica, muito tradicional no Rio de Janeiro, foi contra o relacionamento. Ele era vinte anos mais novo do que ela, era um imigrante recomeçando a vida no Brasil... Os dois fugiram e reapareceram, já casados. Frederick Bonawitz virou o Tio Fritz.

Sozinho, ele projetou e construiu uma casa na Ilha do Governador, zona norte do Rio, com bela vista para a Baía da Guanabara. Sua oficina, no primeiro andar, era imensa, e dela saíam brinquedos em lata, madeira, pano, cordas para os sobrinhos-netos: carros, caminhões, guindastes articulados, animais selvagens, bonecos... Ficavam dispostos num canto da grande sala da casa na Ilha. Quando visitávamos Tio Fritz e Tia Mabel, as brincadeiras duravam horas.

O largo cesto de palha trançada cheio de ferramentas que vejo agora sob a árvore é igual aos que me esperaram, e pelos quais esperei ansiosamente, nos almoços de Natal na casa de meus avós. Martelos de todos os tipos, serras, alicates, chaves de fenda, tesourão para cortar metal, torno, soldadora, pincéis. Tio Fritz vai me entregar o cesto, vai me puxar para um canto e me explicar como usar aquilo tudo. Não tenho o talento dele, ninguém tem, mas vou me esforçar. Da lata de óleo nascerá um elefante.

Então, penso nas ferramentas que a vida nos oferece. Aprender a usá-las é tarefa diária. Vamos nos esforçar, nos empenhar, criar, construir. Vamos pensar na família, em passar aos que vêm depois de nós princípios e valores sem os quais não teremos nenhuma chance. Acredite no amor que Jesus pregava. Aprenda e ensine sempre. Feche os olhos e entregue-se à melodia... Tio Fritz também oferta música, com seu acordeão, seu serrote tocado com arco de violino. Emocionado, posso ouvi-lo perfeitamente.

65. LISTA DE DESEJOS

[31/12/2020]

Gênios da lâmpada não há. Um cílio que cai e é prensado entre dedos, a hora de soprar as velinhas no bolo de aniversário, a primeira estrela que se vê ao anoitecer, nada disso nos garante a realização de desejos. Desejar livremente, sim, todos nós podemos. Quantas vezes quisermos, nas mais variadas situações, em todos os momentos, um dia inteiro, a madrugada adentro. As vontades seguem numa prece, numa oração, numa reza, em meditações, em suspiros. E é no fim do ano que somos empurrados, mais do que nunca, a fazer pedidos. Se acreditamos em maior ou menor grau que se realizarão, isso depende da fé e da esperança de cada um, do poder que botamos em nós mesmos e tiramos do imponderável e, não tem jeito, da compreensão da realidade, das reais possibilidades.

Preparei minha lista de desejos para 2021. Estava longa, tirei a raiz quadrada, subtraí, eliminei um bocado dela. A vontade era ter nas presidências da Câmara e do Senado políticos honestos, competentes. Entre os deputados, alguém assim até se apresentou, mas não está no páreo. O jeito é querer parlamentares que abandonem o oportunismo, o egoísmo, que entendam que há uma agenda no Congresso que não é de um governo, é de um país. Reforma Tributária, Reforma Administrativa... Posso querer que o Congresso trabalhe como nunca, com produtividade, objetividade, com a maioria pelo bem do Brasil? Então, a Reforma Política e a Reforma do Judiciário também estão entre os meus desejos para o ano que vem.

O Supremo Tribunal Federal terá um novo ministro. Marco Aurélio Mello se aposentará em julho do ano que vem. Desejo que seja indicado para o lugar dele um juiz que respeite e defenda a Constituição. Quero um STF que julgue o que deve ser julgado, que prenda quem deve ser preso, que mantenha preso quem não deve ser solto, que não seja, como disse o jurista Modesto Carvalhosa, um "garantidor do crime", que não atire contra a Operação Lava Jato, que não alimente a impunidade. Quero um Supremo que não invente um "inquérito do fim do mundo", que não queira ser "o editor do Brasil", que não censure, não persiga, não penalize a opinião, a crítica, a liberdade de expressão. Um STF que não crie aberrações, que não extrapole sua competência, não faça ativismo judicial, não pretenda ser Legislativo, Executivo.

Considerando um desejo apenas tudo o que mentalizo para o STF, acredito que tenho direito a mais um pedido... Que em 2021 caiam todas as máscaras, que as falsas promessas de proteção e segurança condenem seus autores. Que os interesses políticos e comerciais nessa guerra contra o vírus chinês sejam escancarados. Chega de atos ditatoriais disfarçados de medida sanitária. Mais cuidados verdadeiros, reais, menos demagogia e hipocrisia. A liberdade não vai continuar doente, jamais permitiremos. O vírus não se rende a ameaças autoritárias, nós também não.

66. DEPENDE DE NÓS

[16/12/2021]

Todo fim de ano, dezembro começando, meu pai passava a cortar jornais. Usava uma boa tesoura, era cuidadoso. Uma matéria inteira, nota na coluna social, uma ilustração... Os recortes eram guardados numa pasta de papel e lá ficavam por pelo menos um ano. Até que chegava a hora de voltar a eles, antes de juntar novos recortes.

Meu pai abria a pasta e pegava o primeiro pedaço amarelado de jornal. Retângulos, quadrados, o velho e bom papel. Em todos, havia uma espécie de lista feita por um babalorixá, uma cartomante, um astrólogo, uma cigana... Previsões para o ano que chegava e, no abrir e fechar de uma pasta de papel, de repente terminava.

Um recorte por vez sobre a mesa, e meu pai percorria mentalmente, mês a mês, empurrado por sua boa memória, os fatos e acontecimentos mais importantes do ano velho. Ele sempre dava risadas, quando lia aquelas previsões genéricas nos jornais: "Vai morrer um artista importante"; "Vai haver um grave acidente aéreo"; "Caribe sofrerá com desastres naturais". Tudo vago, impreciso, buscando um bilhete de loteria em que se paga mais para marcar mais números. Nada muito específico, para aumentar a chance de alguém transformar uma aposta, um chute, numa previsão sensitiva.

A porcentagem de erros nas previsões para o ano novo sempre foi enorme. Os jornais, em geral, não queriam saber disso. Meu pai pegava uma lista de dez previsões feitas pela mesma pessoa. Podia haver nove erros, mas deles ninguém falava. Agora, o único acerto, mesmo que naquela base do palpite bem genérico, ganhava manchetes: "Vidente previu!".

Sobre o futuro, o que dizer? Ele é ilimitado, é cada vez mais desafiador. É preciso pesquisar, estudar, estar atento, ser curioso, desconfiado... Ter bom senso, cautela, prudência, conjecturar, debater, prevenir, planejar — sobretudo, planejar. É preciso preparação. Tentativa e erro, isso não. Fórmulas velhas, que nunca funcionaram, como alguém ainda pode pensar nisso?

Não sei o que dizem os búzios, a borra de café no fundo da xícara, o que dizem as cartas, as estrelas e os planetas. Os jornais estão doidos para nos contar. Meu pai já não está aqui com sua "agência verificadora de previsões para o ano novo"... Penso nele, tento buscar o otimismo, pelo menos em doses que a realidade permita. Quero ver o lado bom, que não pode ceder um centímetro. Quero alimentar minha fé e minha esperança. Assim, faço minhas melhores previsões e sigo na luta. O ano novo, mais uma vez, depende muito de nós!

67. DEIXEI MEU SAPATINHO

[23/12/2021]

O ano começou e terminou do mesmo jeito. Foram rasgando, picotando a Constituição, de janeiro a dezembro. Claro, isso não começou em 2021. O inquérito das *fake news*, uma aberração, foi instaurado em março de 2019. O inquérito dos atos "antidemocráticos" começou em abril de 2020. Acabou arquivado em julho deste ano, mas, como notícia boa vinda do STF é que nem tatu albino, outro inquérito foi aberto. Ele é parecido com o das *fake news*... Alexandre de Moraes, então, mandou que os dois compartilhassem informações, e está resolvido.

Moraes enxerga uma "organização criminosa voltada a promover diversas condutas para desestabilizar e destruir os Poderes Legislativo e Judiciário". Abriu guerra à mobilização digital, às *hashtags*. Apenas ele sabe o que é verdade e o que é mentira. Vende-se como um grande defensor da "ordem constitucional vigente", mas não quer saber de liberdade de opinião, liberdade de expressão, direitos individuais. Quis prender até frequentador de bar que falava mal dele... Já em fevereiro, mandou para a prisão o deputado federal Daniel Silveira. Em agosto, seu alvo foi o então presidente nacional do PTB, Roberto Jefferson. Em outubro, o caminhoneiro Zé Trovão. E Moraes ainda pediu a extradição de Allan dos Santos, que vive nos Estados Unidos.

Procura-se um crime. Calúnia, injúria, difamação, ameaça... Algum deles daria prisão, num processo legal? E o trânsito em julgado? Não foi o STF que exterminou a prisão após condenação em segunda instância? Não é aqui no Brasil que alguém só pode ser preso depois de se esgotarem todos os recursos? Esqueça, 2021 mostrou de vez que os juízes do Supremo podem prender qualquer pessoa que faça críticas com as quais eles não concordem, qualquer um que tenha uma visão de mundo diferente da deles. Não importa o que diz a Constituição Federal, não importa que a democracia deva aceitar até quem a ataca. Pelo jeito, isso vale apenas para comunistas, para quem defende a ditadura do proletariado.

Desde o julgamento do mensalão, em 2014, nossos magistrados passaram a se sentir deuses, seres iluminados, acima do bem e do mal. Falam sobre tudo, em *lives*, palestras, seminários, entrevistas... Até cantam samba-enredo em festa de casamento. São nossos tutores, são egocêntricos, vaidosos, narcisistas, espaçosos, metem-se em tudo, no Executivo, no Legislativo... Em novembro, na maior cara de pau, Dias Toffoli assumiu que o STF usurpou poderes do presidente da República, que o Brasil tem hoje um sistema semipresidencialista e que o Supremo atua como poder moderador. Constituição para quê?

Aí vem o discurso de encerramento do ano, e o presidente do STF, Luiz Fux, diz que o Tribunal "tem se mantido firme no seu compromisso de alcançar o plano global de desenvolvimento traçado pela agenda 2030 da ONU". Globalismo na veia, Constituição brasileira no lixo. O compromisso da maioria dos nossos magistrados é mesmo com seus próprios interesses. Guardar, defender nossa Lei Máxima, isso não lhes passa pela cabeça. Melhor que Papai Noel os esqueça, que seus "sapatinhos na janela do quintal" permaneçam vazios. Presentes de Natal só para aqueles que sabem se comportar.

LACOMBE
LACOMBE
LACOMBE
LACOMBE
LACOMBE

Globalismo? Não.

LACOMBE

LACOMBE

68. NOVA GUERRA FRIA

[24/10/2020]

Já tive uma discussão séria com um grande empresário conhecido meu. Interessado nos negócios com a China, ele me disse que não via problema algum no fato de que o país asiático só pensa em tornar-se uma superpotência. Na verdade, é mais do que isso, a China quer ser o segundo país a entrar nessa "categoria" para, depois, suplantar os Estados Unidos, atualmente a única superpotência no mundo. Xi Jinping e sua turma só pensam nisso. E, para alguém que ama a liberdade, a justiça, que não é beligerante, que ainda acredita, como as candidatas do concurso "Miss Universo", na paz mundial, é impossível não torcer o nariz para o país governado há 71 anos por um partido comunista.

O desejo dos chineses de olhar o resto do mundo de cima é selvagem, assim como o "capitalismo" deles também é. Lá, temos, como na época do governo do PT aqui no Brasil, as empresas "amigas do rei", temos pirataria, espionagem industrial, exploração da mão de obra, agressões ao meio ambiente... E o capitalismo, que pressupõe regras claras, respeito a leis, para que a competição seja justa, perde-se nesse universo desfigurado, nesse universo "Xing Ling".

Imagine uma governança mundial exercida pela China... Taiwan, Tibete, Macau e até Hong Kong que o digam. É claro que gostariam de se manter distantes do autoritarismo, da ditadura, da guerra étnica e contra a fé religiosa, do total controle governamental, das medidas de censura, da "Grande barreira de segurança da China". Direitos Humanos? Nem pense nisso. Se pensar, apele para a ONU. A China está lá, no Conselho de Direitos Humanos, ocupando assento ao lado de Cuba e da Venezuela.

O mundo depende da China. O coronavírus deixou isso muito claro. O país é o maior produtor de equipamentos de proteção individual do mundo. Só em máscaras, exportou, desde o início da pandemia, US$ 40 bilhões, mais do que o Brasil vende em soja e carne. A China, com quase 1,5 bilhão de habitantes, tornou-se a indústria do planeta. É o maior parceiro comercial dos Estados Unidos, da União Europeia, do Brasil. Ainda que digam que não deve haver viés ideológico, sob o ponto de vista mercadológico, precisamos lidar cuidadosamente com essa parceria comercial.

Não sofri tanto com a Guerra Fria entre Estados Unidos e União Soviética. Eu acreditava mesmo que ninguém seria louco de apertar os botões e disparar mísseis nucleares por aí. Espero que passemos bem também pelas contendas entre americanos e chineses. Mesmo que não possamos contar com o bom senso dos russos, que, desde o fim da Segunda Guerra, costumam escolher o lado errado em conflitos e confrontos. Ao empresário meu conhecido digo apenas o seguinte: tudo bem a China querer ser uma superpotência, desde que, antes, torne-se um país livre, um país democrático.

69. A GRANDE AMEAÇA

[07/11/2020]

Escrevo a coluna antes do encerramento da apuração dos votos para presidente dos Estados Unidos. Não faz muita diferença. Seja qual for o resultado, não consigo compreender como a esquerda pode ter tantos votos no país mais capitalista e mais livre do mundo. O Partido Democrata não é mais aquele de John F. Kennedy, caminhou para a radicalização, quer mais Estado, mais impostos, menos liberdade. Defende o "politicamente correto", que divide a humanidade, apesar de se fingir de "bonzinho". É a favor de pautas globalistas, da tal governança global, uma enorme ameaça às soberanias nacionais, à democracia.

Como cidadão do mundo, não pude torcer por Joe Biden. Ele não pararia a China, muito pelo contrário. Um filho e um irmão à espreita... Organismos internacionais querendo governar o mundo. ONU, OMS, esse quintal chinês da artimanha, do golpe baixo, da desinformação, da confusão. Quem vai dizer à Rússia que fique do lado certo? Quem vai dizer ao Partido Comunista Chinês que respeite Taiwan, Tibete, a população de Hong Kong? Quem vai salvar o capitalismo, que tirou tanta gente da extrema pobreza, desde a década de 1960? Você acha que Joe Biden seria capaz de puxar Xi Jinping para perto de si, que encostaria quase que lascivamente no presidente chinês, faria cafuné em seu cabelo e sussurraria em seu ouvido: "Liberte o capitalismo, liberte seu povo."?

Como cidadão americano, que não sou, eu votaria em Donald Trump. Esse que em 2016 era uma "grande ameaça" e que, de cara, fez uma tremenda reforma tributária. O "Homem Laranja", que reduziu impostos para empresas e pessoas físicas, que implementou um amplo programa de desburocratização. Ele, que fez com que as empresas investissem mais, inovassem mais, contratassem mais, prosperassem. Os empregos vieram com tudo, o pleno emprego, inclusive para negros e latinos. E a renda da classe média americana cresceu, bateu recorde. Foi quando chegou o vírus chinês, maior adversário de Trump nas eleições. Mesmo que a retomada econômica nos Estados Unidos vá muito bem, com taxa de crescimento acima de 33% no terceiro trimestre.

Como cidadão brasileiro, eu não votaria em Joe Biden, que já nos ameaçou com sanções, que disse que o Brasil não tem a soberania sobre a Amazônia, tem apenas a "custódia" sobre a região. Contaram para ele que estamos queimando nossas florestas sem dó nem piedade. O candidato democrata acreditou. Biden também acha até hoje que a Amazônia é o "pulmão do mundo". Faltou à aula sobre fotossíntese. Nossa floresta absorve de dia o gás carbônico que devolve à atmosfera quase que integralmente à noite. Sopre no ouvido dele, com todo carinho: "O 'pulmão do mundo' são os oceanos..." Mesmo que ele entendesse, como cidadão brasileiro que sou, Biden continuaria tendo meu repúdio. Afinal, há como perdoar alguém que foi vice-presidente de Barack Obama, aquele que disse que Lula era o cara?

70. SOBERANIA E COLETIVISMO

[23/09/2021]

Se os discursos dos líderes de países do mundo inteiro na Assembleia-Geral da Organização das Nações Unidas fossem parte de uma espécie de concurso, na categoria "cara de pau" o vencedor seria Xi Jinping. Ganharia fácil! Isso, claro, se não fizesse parte do júri alguma "agência de checagem", ou um bando delas...

Apenas uma frase pinçada do discurso do presidente da China quebra o recorde de descaramento: "A democracia é um direito de todos os povos, de todos os países". Sim, o Xi Jinping disse isso. E ele está certo! Só que não vale para o país que ele chefia.

Há 72 anos, o Partido Comunista da China não depende de eleição para se manter no poder. É um partido, uma opinião apenas, coletivismo, planejamento central, muito controle social, com restrições à atuação da mídia, da imprensa, ao uso da internet. E tentam dizer que não é ditadura, "é um governo com um partido forte".

Força no capitalismo de Estado, selvagem, dado a espionagem industrial, agressão ao meio ambiente, exploração da mão de obra... Estado de Direito, direitos individuais e de privacidade? Não tem. Mas, apesar disso, da perseguição a minorias religiosas e étnicas, a China faz parte do Conselho de Direitos Humanos da ONU... Até reconheço o seu direito a querer se tornar a maior superpotência mundial, apenas aponto o seu dever e a necessidade de, antes, se tornar um país verdadeiramente livre e democrático.

A ONU poderia ajudar nesse processo? Poderia, se soubesse o que é democracia, se não estivesse tão seduzida pelos chineses... Historicamente, os comunistas sempre gostaram da ideia de uma organização global. Lenin e Stalin, entre eles. E muita gente está hoje nessa, imaginando que entidades internacionais sabem com exatidão como se constrói um mundo melhor.

Na Assembleia-Geral, quem gritou por liberdade, em vez de dizer que o ser humano é o grande vilão e vai acabar com o planeta? Foi Jair Bolsonaro. E quem está nos empurrando para o pânico, anunciando o fim do mundo? A ONU, que já foi pega fraudando dados, para exagerar a ameaça climática. E ainda podem nos assustar com uma nova onda de uma nova doença, com um novo vírus.

É por meio do medo que se controlam as pessoas, as condutas humanas. Não dá para aceitar que organismos como a ONU usem essa artimanha e queiram gerir de forma sistemática a vida de todos. Não nos servem esses burocratas. Que as Nações Unidas sejam essencialmente um fórum de discussões entre os países, que trabalhem pela resolução de conflitos, no enfrentamento de crises.

Centralizar o poder político mundial e retirar poder dos países, diminuir as soberanias nacionais, isso é inadmissível. A filosofia por trás do globalismo é o coletivismo, esse que inviabiliza as liberdades, sem as quais ninguém vive. Coletivismo tem limite, mas cabe no caso do Conselho de Direitos Humanos da ONU... Para o bem coletivo, que todos os países que violaram e violam os direitos humanos saiam do Conselho. E são muitos, quase metade dos integrantes. Depois disso, que fique bem claro: não há democracia sem soberania nacional.

LACOMBE
LACOMBE
LACOMBE
LACOMBE
LACOMBE
LACOMBE
LACOMBE

Gênero Humano

71. IGUAIS NAS DIFERENÇAS

[21/11/2020]

Vivemos assim: divididos. A luta de classes mudou um pouco, já que não emocionou e não motivou os "oprimidos". Os "opressores", exceto em países como a China e o Brasil do PT, abriram mão do lucro a qualquer custo, mas não do lucro, que nada tem de abominável. Mesmo assim, continuamos separados em grupos. Homens e mulheres. Negros, brancos, amarelos, vermelhos. Homossexuais e heterossexuais, dezenas de gêneros.

Nunca estivemos tão divididos. E grande parte da imprensa, infelizmente, colabora para isso. Bastam dez minutos num telejornal, uma passada de olhos pelos jornais impressos, alguns cliques nos portais de notícias. Verifique as informações sobre as eleições municipais... Algumas manchetes: "Mesmo com recorde de candidaturas negras, câmaras municipais mantêm maioria branca"; "Maior parte das cidades da Grande SP não terá bancada feminina"; "Transexuais na política são resposta a Bolsonaro".

O correto seria dividir os candidatos, os eleitos e os políticos em outros tipos de grupos. Honestos e desonestos. Competentes e incompetentes. Os que têm projetos bons e realizáveis e aqueles que apostam no que não daria certo em lugar nenhum em época nenhuma. Os que acreditam na raça humana e acreditam na Justiça, na igualdade de todos perante as leis e aqueles que segregam, que separam e criam uma "justiça racial", uma "justiça social".

Pautas identitárias acabam garantindo direitos especiais, criam ressentimentos disfarçados de reparação. O discurso por igualdade, conscientemente ou não, é falso. Muito fácil perceber o que gera: desigualdade, vitimização, desejo de "vingança", mais separação. E há mesmo quem queira gerar esses conflitos, quem queira nos dividir, para que o Estado funcione como um mediador e possa interferir cada vez mais nas nossas vidas.

Estúpidos sempre houve e, infelizmente, sempre haverá. Existem leis para combatê-los, todos eles. O que não podemos é ser massa de manobra, aceitar a incoerência de quem diz lutar contra o machismo, o racismo e a homofobia, mas ataca a fé alheia, a importância da estrutura familiar.

Somos do gênero humano, todos nós. A luta principal é de todos, queremos cidades melhores, queremos um país melhor. Queremos oportunidades, empregos, gerar renda. Se procuram nos empurrar para grupos, que acreditem: o que beneficia a maioria, naquilo que é o principal, beneficia também a minoria.

Respeitar, para ser respeitado, independentemente de qualquer coisa. Talvez se resuma a isso, mas muitos não entendem, como um conhecido meu que perdeu o pai, um sociólogo, há pouco tempo. Nas redes sociais, ele se apressou a publicar: "Foi meu pai que me ensinou a não ser machista, racista e homofóbico". Comigo foi diferente... Meu pai sempre me ensinou que somos todos iguais.

72. HERÓIS DA DESISTÊNCIA

[29/07/2021]

Fui um atleta errático, confesso. Gostava mais do aspecto lúdico do esporte, do divertimento, do convívio com os companheiros de tatames, quadras, raias... Andei por muitas modalidades, tendo levado mais a sério a vela, com passagens por três classes. Foram os plantões como jornalista nos fins de semana que me afastaram de vez desse esporte. E foi o jornalismo que me aproximou dos atletas de alto nível, olímpicos, quase semideuses. Por muitos anos, mergulhei na história de supercampeões, e nenhum deles me falou de um caminho coberto por pétalas de rosa, de vitórias que não tenham sido construídas sobre derrotas, muita dor e muito sofrimento.

É uma gente diferente. O que nós, pessoas comuns, precisamos ter em doses mínimas esses atletas têm em doses cavalares: talento, determinação, disciplina, entrega, resistência, superação, garra, técnica, força... São, o tempo inteiro, competidores, é a competição que os alimenta, que os move. Querem ser, a cada dia, melhores do que eles próprios, querem ser melhores do que todos os outros. É natural neles, é legítimo, não há como condená-los por isso, nem pelo desejo nem pela proporção. Eu também quero me superar e superar os outros, mas, num nível olímpico, isso é mesmo para poucos.

A questão é que continuam sendo pessoas aqueles que buscam um lugar no Olimpo, estão sujeitos a esbarrar em limites, técnicos, físicos, emocionais... Nem todos querem se arrastar até a linha de chegada, nem todos veem nisso uma vitória. É uma questão pessoal, interna. Até grandes atletas podem querer, podem decidir se afastar, mesmo que momentaneamente, do peso da competição. Fato é que jamais viveremos longe dela, e relativizar vitórias e derrotas, isso também tem seu limite.

Não sei que gerações sucederão à minha, com tanta gente nova levada ao coitadismo, ao vitimismo, protegida insanamente e falsamente, claro, de dores e sofrimento. É preciso tolerar a desistência, mas não enxergar nela um ato de bravura, coragem e heroísmo. A vida tem fardos, e há desejos que não serão realizados. A perfeição sempre escapará, o que se deve buscar é o mérito. E nunca será fácil, ninguém falou que seria. É irreal um mundo sem competição, sem meritocracia, seria como um esporte em que só fossem distribuídos prêmios de consolação. Um mundo sem derrotas é um mundo sem vitórias. E um mundo feito apenas de empates jamais existirá.

LACOMBE
LACOMBE
LACOMBE
LACOMBE
LACOMBE
LACOMBE
LACOMBE

*Tudo contra
Bolsonaro*

73. NUNCA GRITE LOBO

[28/01/2021]

Eu não conheço nenhuma pessoa, muito menos um governo, que seja 100% defensável. Há sempre uma crítica pertinente, erros que podem ser apontados para que não se repitam, há sempre algo que, imaginamos, pode melhorar. No caso de governantes e de governos, em ambiente democrático, temos o direito e até o dever de criticar. A questão é que, para isso, precisamos de critérios, argumentos, fundamentos. Não dá para tentar transformar qualquer ação do governo num equívoco, num erro. Não dá para imaginar omissões e fracassos, construí-los na mentira. Uma oposição desvairada, que banaliza críticas e acusações, ela, sim, é um grande perigo.

Há pouca chance de uma crítica pertinente resistir, em meio a tantas que surgem no antibolsonarismo. Que força tem uma crítica que merece ser feita, se ela vem disparada por metralhadoras cuspidoras de bobagens, de reclamações vazias, de protestos infundados? Tudo porque até hoje não aceitam o resultado das urnas... É disso que se trata. Desde o primeiro momento, quando ignoraram um ministério técnico, enxuto, formado sem loteamento político, até essa baboseira maldosa sobre a compra feita pelo governo federal de leite condensado e goma de mascar.

A tragédia em Manaus? Jornalistas e Rodrigo Maia já sabem de quem é a culpa... Não tem nada a ver com respiradores comprados pelo governo estadual com sobrepreço de 316% numa loja de vinhos. Nem pense em falar da prisão da secretária de Saúde por suspeita de desvio de recursos, da má gestão dos governos locais, do sistema público de saúde na capital amazonense sempre com média de 70% de ocupação. Não precisa investigar. O negócio é banalizar: as críticas, as acusações, o *impeachment*. Vale por qualquer motivo, como ensinou o PT, que pediu o afastamento de todos os presidentes depois do regime militar. Quando veio o *impeachment* da Dilma, era golpe, ou "gópi".

O presidente Bolsonaro tem de cair. Ele não deu bola para a vacina. Deveria ter comprado logo todos os imunizantes, mesmo que ainda inexistentes, mesmo que caros, mesmo que devessem ser pagos antecipadamente, com fabricantes livres de quaisquer implicações jurídicas diante de possíveis efeitos adversos. Segurança e eficácia, isso ficaria para depois. "Viraríamos jacarés", disse o insensível. E, de repente, o Brasil já está entre os países que mais vacinaram. Claro que não há mérito nenhum do governo federal nisso, o que lhe sobra sempre são culpas.

Nesta toada triste estão engajados políticos de oposição (ao país), influenciadores hipócritas, jornalistas dissimulados, ressentidos com as urnas... Diluem as críticas verdadeiras e necessárias, no que lembra uma brincadeira sem graça. Como na fábula, gritam: "Lobo! Lobo!", quando nenhum animal há por perto. Os que correm em socorro um dia se cansarão das mentiras. Que uma das parábolas do Novo Testamento possa também lhes revelar os verdadeiros lobos em pele de cordeiro.

74. GOLPES EM CURSO

[01/04/2021]

O limite, o jornalista aponta, é 2022. Se não for agora, com as Forças Armadas, e houver algum problema nas eleições do ano que vem, enfrentaremos "levantes policiais contra a 'fraude' e em nome da 'legalidade', puxando as milícias às ruas". O golpe, leio nos jornais, parece estabelecido. Tudo sendo armado para imediatamente, desde o dia da posse do presidente...

Parece que agora vai. Autoritário, ditador, nazista, genocida, uma hora ele se entrega ao que todos esperam dele, desde o primeiro dia: a nova revolução, o golpe. Contra seu próprio governo, eleito de forma legítima e democrática. Não importa, o cara é louco. Olha essa troca no Ministério da Defesa, o portal de notícias deixa muito claro: o movimento "confirmou as preocupações da sociedade brasileira acerca de uma nova investida do presidente Jair Bolsonaro para usar as Forças Armadas politicamente e atentar contra as instituições republicanas e democráticas". É assim: cada um decide o golpe que quer enxergar e combater.

O STF dá golpe adoidado na Constituição. Muita gente faz questão de não ver. Principalmente os senadores, que deveriam enxergar tudinho do mundo supremo. Os juízes podem fatiar processo de *impeachment*, fazer inquéritos ilegais, libertar bandidos, prender ilegalmente, anular processos, suspeitar de qualquer um e impedir que qualquer um suspeite deles. Podem golpear a liberdade de expressão, censurar revista eletrônica, censurar *site* de notícias, prender jornalista, liquidar contas em redes sociais. Eles podem governar, todos podem governar, exceto o presidente da República, esse que o colunista rabugento do jornal, um democrata de carteirinha, quer ver derrubado por um golpe militar. Um golpe contra um possível golpe, isso deve poder.

Há gente que enxerga "arroubos autoritários" no presidente da República, mas aceita a transformação de governadores e prefeitos em ditadores. Saia de casa, golpe! Vai trabalhar, golpe! Tiranos de ocasião, fingindo que salvam vidas e usando como bem querem verba destinada pelo governo federal especificamente para a saúde. Fecha tudo, tranca tudo. Mata de fome, de pânico. Liberdades públicas, golpe! Direitos individuais, golpe! Batem, prendem, clamam por *impeachment*. Não custa tentar o afastamento, mais de 60 vezes, ainda que os "fins justifiquem os meios", quaisquer meios. Então, tome pedido de *impeachment*! Vale também.

O discurso tem ameaças, a chantagem cifrada. Invadir o ministério, mudar as peças, apontar com seus dedos podres os "antidemocráticos". Parlamentares fisiológicos fingem combater aqueles que eles chamam de ideológicos... O Legislativo também quer mais, para além do tal presidencialismo de coalizão. Temos também isso, além do Judiciário encapetado e da imprensa cínica. O golpe virá, os jornais e os políticos da extrema-esquerda estão dizendo... Há mais de dois anos, eles insistem nisso. E não querem que ninguém enxergue os golpes que estão verdadeiramente em curso.

75. A PAIXÃO INVERTIDA

[15/04/2021]

Não há nada que os demova da ideia do *impeachment*. Pensam nisso noite e dia. Falam disso o tempo todo. Propagam tanto amor à democracia, mas a tratam assim, com o desprezo típico dos injustos e desonestos. A paixão deles é o *impeachment*. Tudo o que o presidente faz ou deixa de fazer é crime e motivo para afastamento. Não quer mostrar o teste de Covid? *Impeachment*. Improbidade administrativa, abuso de poder, falta de decoro. *Impeachment*. Crimes contra a soberania, a existência da União, incitação a conflitos entre os três Poderes. *Impeachment*. Crimes ambientais, contra a saúde pública... Na paixão cega, surge todo e qualquer motivo para afastar o presidente.

Seguem de mãos dadas, com sorrisos matreiros, a oposição, o STF e boa parte da imprensa. Já podem ver a CPI. O Supremo mandou instalar. O Supremo manda, ou, se quiser, não manda. Em 2016, o então presidente do tribunal, Ricardo Lewandowski, não quis nem saber da CPI da UNE para investigar suposto uso irregular de dinheiro público pela União Nacional dos Estudantes. Era assunto para a própria Câmara dos Deputados resolver... Ato de natureza *interna corporis*. É tão bom assim, as leis como nós quisermos, a Lei de Segurança Nacional, a Constituição todinha, sempre a favor dos nossos interesses, até da nossa paixonite.

Há um desejo, há um fetiche, e nada mais importa. Vem aí uma Comissão Parlamentar de Inquérito movida pela paixão invertida por um criminoso apenas aguardando condenação oficial. Esse que, em telefonema gravado, não fala de como barrar a CPI ou de impedir investigações sobre ele. Esse que, na gravação, apela apenas para que as investigações sobre possíveis omissões no combate à Covid sejam amplas, sejam estendidas a governos estaduais e municipais. E ele não está certo? Por todo o Brasil, estão sendo apuradas compras e contratações de serviços feitas durante o combate à Covid. São centenas de procedimentos que podem gerar processos criminais.

Teve a farra dos hospitais de campanha, que abriram e fecharam quase no tempo de uma paixão. Com dispensa de licitação, foram comprados máscaras, aventais, luvas, equipamentos e materiais variados, tudo caríssimo. Respiradores que não serviam para pacientes de Covid, que não funcionavam. Respiradores comprados em loja de vinho, comprados de uma empresa de um estudante de apenas 19 anos... Já faz um ano que o então ministro da Justiça, Sergio Moro, divulgou que tinha determinado à Polícia Federal a abertura de investigações "para apurar de forma implacável qualquer desvio de verba federal destinada ao combate do novo coronavírus, em qualquer lugar que isso ocorra".

Polícia Federal, Ministério Público, Controladoria-Geral da União, sempre é tempo deles. Sobre uma CPI, o que dizer? Algumas deram resultado, é verdade, mas há sempre politicagem, politicalha, politiquice. E gastaremos o tempo e o dinheiro que não temos nisso. CPI é permitida, não é missa, culto religioso. Pois que investigue decentemente, que investigue tudo. E estejamos preparados para o espetáculo de um sentimento terrível: a paixão desvairada pelo dinheiro e pelo poder.

76. AS NOSSAS LIBERDADES

[26/08/2021]

Primeiro, a velha imprensa empurrou a população ao pânico, por conta do novo coronavírus. Acha até hoje que não errou na mão, que fez um trabalho importante de conscientização... Trancou todo mundo em casa, jurando que isso salvava vidas. Ignorou o direito constitucional de ir e vir, o direito ao trabalho, não quis saber de medidas equilibradas. Agora, ainda sem querer olhar todos os lados da história, fala em "convocação ao golpe"... É assim que tem tratado a grande manifestação marcada para o dia 7 de setembro.

O governador de São Paulo ocupa as manchetes daqueles que já foram os três principais jornais do país. "Bolsonaro flerta com o autoritarismo permanentemente", diz quem namorou, noivou e se casou com a tirania. Ele, Doria, conclamou governadores a assinar um manifesto em favor das liberdades, mas quer impedir a livre manifestação, um movimento que tem autorização legal para ser realizado.

A velha imprensa afirma que as redes sociais estão estimulando militantes bolsonaristas a comparecer à manifestação armados... É sério isso? O governador do Maranhão, adorador do comunismo, regime incompatível com a democracia, já alertou: "Pessoas armadas na rua é motim". Doria diz que "o momento é gravíssimo", que "os governadores não podem ficar em silêncio". E a ideia é mesmo silenciar os outros.

Os jornais falam que "uma eventual tentativa de golpe no dia 7 de setembro não será nenhuma surpresa, será a estrita realização das táticas e dos objetivos anunciados, repetidas vezes, por bolsonaristas". É o presidente que "investe contra o Judiciário". É ele que se "empenha no conflito institucional". Bolsonaro – está na velha imprensa – é como "os talibãs e escorpiões".

Leio, naquele que já foi um importante jornal, que no Brasil tem havido "uma irresponsável tolerância com atos que desrespeitam a lei, a consolidar uma sensação de impunidade". Eu concordaria, se o editorial falasse das 123 ações do STF contrárias ao governo federal, num período de dois anos e meio. O levantamento comprova a intromissão do Judiciário no Executivo (e no Legislativo), o emparedamento do presidente da República. Danem-se o equilíbrio e a independência entre os poderes. Dane-se a legalidade. Dane-se a Constituição.

A velha imprensa fala de uma "onda de indignação" contra o pedido de *impeachment* de Alexandre de Moraes, já rejeitado pelo presidente do Senado, Rodrigo Pacheco. Ela resolveu não ouvir especialistas que afirmam que a medida é legal. E não quer saber o que pensam verdadeiramente as pessoas que vão para as ruas no dia 7 de setembro.

A manifestação não é para incentivar a invasão do STF e do Congresso, como divulgam jornais mofados. As ruas serão tomadas. As armas serão o verde e amarelo, em camisas, bandeiras, faixas. O movimento não é necessariamente pró-Bolsonaro, é pela democracia, que governantes e velha imprensa atacam, fingindo defender. O movimento é contra tiranos mal disfarçados, é contra os hipócritas que estão esperando um golpe, enquanto golpeiam sem parar as nossas liberdades.

77. CONCILIAÇÃO E PAZ

[02/09/2021]

Quem não quer conciliação? No fundo, até os mais beligerantes e enfrentadores querem. Daí a enxergar alguma possibilidade de entendimento vai uma boa distância. E por quê? Os editoriais da velha mídia falam num governo federal que "tenta criar constantemente arruaças, conflitos e instabilidades", criticam o "comportamento conflituoso e irresponsável do presidente". A culpa é dele, apenas dele, já que "todos, exceto Bolsonaro, pedem, em uníssono, paz e tranquilidade". Fingindo defender a conciliação, os jornalecos afirmam que "a simples menção à crise remete diretamente a Jair Bolsonaro". Querem o golpe, que sempre acusaram o outro lado de planejar.

É preciso ser muito cínico para não enxergar uma oposição destrutiva, que aposta na desestabilização e na desarmonia, que joga contra o país, contra seu povo, com o objetivo de atingir o governo. Juntam-se a velha imprensa, os partidos de esquerda, o Judiciário... E não podiam faltar as centrais sindicais, que querem todo o poder para o Legislativo e o Judiciário, os governadores e prefeitos. Torcem para que esses "estejam à frente de decisões importantes, em nome do Estado de Direito, para conter os arroubos autoritários do presidente e dispor sobre questões urgentes, como geração de empregos, criação de programas sociais e correto enfrentamento da crise sanitária".

Cinismo na veia! Os louros vão para quem apostou em *lockdown*, fechou tudo e jamais terá como comprovar cientificamente algum resultado positivo de medidas tão desequilibradas. A economia foi para o brejo, e a culpa é do presidente, que defendia o isolamento vertical, a liberdade médica para adotar ou não o tratamento imediato da Covid. Ele, que defendeu o direito de ir e vir, o direito ao trabalho, que é contra a vacina obrigatória, o "passaporte sanitário". É ele o autoritário, o tirano. Não importa tudo o que fez para melhorar a liberdade econômica, o ambiente de negócios, não importa se a economia encolheu muito menos do que previam, muito menos do que desejava a oposição. Não importam o Pronampe, o prazo maior para o pagamento de impostos federais, o auxílio emergencial, planejado e lançado rapidamente, o Auxílio Brasil.

Quem não quer conciliação? Até uma associação do agronegócio bota a culpa em Bolsonaro. Diz que "o voto de confiança foi dado, e a confiança não foi retribuída". Que voto de confiança alguém pode achar que foi dado? Numa semana em que o STF arquivou inquérito contra o deputado Aécio Neves por supostos recebimentos de propina, quem pode falar em conciliação? Numa semana em que o Supremo reconheceu erro em denúncia por crime eleitoral contra o senador Eduardo Braga e arquivou o caso, mas manteve as prisões do deputado federal Daniel Silveira e do presidente nacional do PTB, Roberto Jefferson... Onde está o erro? Onde estão os culpados? Acabem com a censura, com a perseguição, com os inquéritos e prisões ilegais. Cada um no seu quadrado. Cumpra-se a Constituição. Só assim haverá chance de conciliação e paz.

78. COMEÇAR DE NOVO

[09/09/2021]

Fiquem quietos e terão paz. Essa é uma mentira das grandes, é enorme, do tamanho da manifestação de 7 de setembro. Um presidente isolado, no meio do povo... Uma gente quilométrica, que não aceita o silêncio imposto, que não aguenta mais inquérito, perseguição, censura, banimento, intimação, prisão. Gente que estaria armada, que daria tiros, "mataria comunistas". Talvez um quebra-quebra, fogueiras no meio da rua. Nada. O vandalismo miliciano, os coturnos insurgentes, a violência anunciada em editoriais da velha imprensa, nada disso apareceu. Não tomaram o STF, o Congresso, tomaram as ruas, no tom democrático do verde e amarelo, que já estão querendo que essas pessoas parem de usar.

O negócio é proibir. Fizeram a mira para um lado, e assim estão, disparando sem parar. Não pode! Cancela, apaga, desapareça! Não me venha com "livre manifestação do pensamento", "livre expressão da atividade intelectual, artística, científica e de comunicação...". A Constituição é deles. Há sempre um jeito de solfejá-la desafinadamente. E eles veem ataques à democracia em cartazes escritos em letra de forma. Ouvem, mais do que tudo, ouvem. É dessa forma que apontam o criminoso, as falas criminosas. Seus ouvidos são suspeitos, seletivos, interpretativos, são suas próprias vozes. Mas todos os sentidos revelam atos, o tato revela grades. E os atos são deles! A Constituição em pedaços foram eles que rasgaram.

Por que, em vez de reconhecer erros, equívocos, em vez de arrepender-se do papel de censor, xerife, "cão de caça", e começar de novo, parece melhor identificar "ameaças à autoridade de suas decisões"? O crédito deles anda baixo, as ruas comprovam. Então, não podem abrir a cabeça? Talvez numa boa conversa de bar, sem registro em delegacia. Ninguém quer fechar nada, tribunal nenhum! O que querem é abrir, abrir as celas do arbítrio, do abuso, abrir o debate, abrir para perguntas, oferecer espaço livre, democrático, responsável, para todos. Está na lei!

Cadê as agências de checagem, quando é supremo o discurso de que os "problemas reais e urgentes do país" não têm nada a ver com o cerceamento da liberdade? Preparem seus carimbos vermelhos de *fake news!*". Quem perdeu a liberdade de trabalhar? Quem não conseguiu empreender, quebrou seu negócio, foi demitido, no último ano e meio? Levante a mão, por favor. Não há direito ao trabalho sem liberdade. Não há direito de propriedade sem liberdade. Não há ir e vir, não há saúde, quando nos trancam e amordaçam.

Há um mundo de problemas, e está tudo ligado, não venha fingir que não. É fácil entender que, para combater a inflação, reaquecer a economia, gerir a crise hídrica, não é preciso abrir mão da luta pela liberdade. Não são atuações excludentes. Pelo contrário, estão absolutamente misturadas. Vamos a elas, todos nós! Ninguém pode achar que existe paz no silêncio imposto... Sem liberdade, o que falta é ar. O autoritarismo mata por sufocamento, e nós vamos respirar.

79. PROPOSTA DE CONCILIAÇÃO

[16/09/2021]

Sempre gostei de simplicidade. As ideias simples, apresentadas de forma simples. Sempre fui objetivo, direto. Sou forjado no telejornalismo, nas frases curtas em ordem direta. Hermético, enigmático, dado a recomeçares infinitos, isso nunca fui nem como poeta. Não à toa, minha preferência pelos sonetos... Os 14 versos bastam. E não me alongarei, igualmente, nesta crônica quase singela, sincera e, por isso, ingênua.

Só há um caminho: abandonar a criancice, a birra. Dá para ser? O país não ganha nada com essa crise histérica. Começamos assim: se você ainda acredita no Estado, no Estado tutor, pai de todos, fomentador de crescimento e desenvolvimento, acorda para a vida! Isso nunca deu certo. Entenda que igualdade e liberdade são incompatíveis, que o problema não é a "desigualdade social", é a pobreza. Só o capitalismo salva. Se você ainda não entendeu, está de malcriação.

Você quer porque quer derrubar um governo, mesmo que milhões de pessoas nas ruas avisem para nem pensar nisso? Para você, é *impeachment* a qualquer custo? Para salvar o país do fascismo? Sei. O seu barulho é sempre assim: quando na oposição, você tenta de todo jeito destruir o Brasil; quando está no governo, você realmente destrói. Já deu, né? Você pode trazer argumentos, fatos, pode se apegar à realidade, à legalidade?

Perderam votação na Câmara? Correm para o Supremo. O presidente editou medida provisória? O Supremo está logo ali, de braços abertos, pronto para o acolhimento. É um tribunal que mima essa gente sem votos suficientes no Legislativo. E não adianta nada o Fux apontar o jogo sujo da oposição destrutiva, antidemocrática, que no plenário não tem como vencer e judicializa quase tudo, e continuar dando guarida a ela.

O Legislativo judicializa. O Judiciário politiza. Dá para parar? Um tribunal político não nos serve. E oposição tem de ser construtiva, propositiva. As leis, a liberdade, o debate baseado em fatos! Vamos nos conciliar em torno disso? É a única chance. Ou vamos continuar virando as costas para um mundo de gente que não precisa de emprego, precisa de trabalho.

A eleição do ano que vem começou cedo demais. O país perde, o povo perde. E há tanto trabalho a fazer, tanto trabalho sério... A excitação e o egoísmo são infantis. É do meu jeito! Eu que sei! Tem de ser eu! Sério? Ai, ai, ai... É assim que a conciliação se tornará possível? Não, não é. Então, aqui se resume a proposta: chega dessa birra de alguns que leva todo mundo para o castigo.

80. CADÊ O CRIMINOSO?

[21/10/2021]

Fico imaginando o tamanho do crime cometido por aqueles que apontam o dedo para criminosos inexistentes... No mínimo, insultam vítimas reais, agridem, empurram para a banalização crimes graves cometidos ao longo da história, cometidos agora, neste instante. Quanto desserviço fazem pessoas que se dizem vítimas de violência doméstica, sexual e, verdadeiramente, nunca foram? Quanto desprezo é possível sentir por quem realmente sofreu ou tem parentes, antepassados que padeceram em genocídios, no fascismo, no nazismo, no comunismo?

Não pode parecer normal que se chame de "nazista" todo mundo que defenda menos Estado (isso, por si só, uma grande contradição), que lute por liberdade. Ou quem seja patriota e fiquem tentando transformar em nacionalista, supremacista. Eu próprio já fui chamado de nazista... Claro que por gente que desconhece Adolf Hitler, suas ideias, seus métodos macabros e também a minha história, a minha origem. A essas pessoas indico a leitura do meu último livro: *Cartas de Elise — uma história brasileira sobre o nazismo*.

A primeira edição, de 2016, está esgotada. Em breve, uma segunda será lançada por uma nova editora[3]. O livro conta a história da parte judia alemã da minha família,

---

3. A nova edição de *Cartas de Elise — uma história brasileira sobre o nazismo*, de Luís Ernesto Lacombe, foi lançada por esta LVM Editora, em maio de 2022. (N. E.)

que foi devastada pelos nazistas. Meu avô paterno, Ernst Heilborn, conseguiu escapar. Não demorou a perceber o risco que Hitler representava e veio para o Brasil em 1934. Deixou na Alemanha sua mãe, Elise, tios, primos, amigos... Poucos sobreviveram.

Lembro-me de Lula, em 1979, dizendo que Hitler tinha aquilo que ele admira num homem: "o fogo de se propor a fazer alguma coisa e tentar fazer". Lula, o "descondenado", pode quase tudo. Já falou bem do aiatolá Khomeini e não se cansa de elogiar Mao Tsé-Tung, Fidel Castro, Che Guevara, Hugo Chávez, Nicolás Maduro... Defende o Estado controlando tudo e, se ainda não bateu palmas para Mussolini, certamente concorda com a ideia do fascista italiano de que "nada deve estar acima do Estado, nada deve estar fora do Estado e nada deve estar contra o Estado".

É um absurdo dizer que Bolsonaro é pior que Lula. Isso é banalizar a roubalheira, é aceitar que alguém possa comprar o Congresso, pilhar estatais, destruir fundos de pensão. É dizer que corrupção é admissível, dependendo apenas de quem corrompe e é corrompido. É entender que o plano de se eternizar no poder é legítimo, não importam os meios adotados. E é também grotesco enxergar um defensor da democracia em quem anuncia regulamentação da mídia e da internet. Portanto, se você escolheu seu criminoso de estimação, a despeito dos fatos, do mundo real, cuidado! O criminoso pode ser você.

81. PONTO E CONTRAPONTO

[28/10/2021]

Você sabe a quantas anda a liberdade na China? Não anda. Simplesmente porque lá não tem isso. Comunismo e liberdade nunca se deram. É sempre um ou outro. Uma vantagem da China é que lá ninguém reclama da polarização política.

Em Cuba também não tem debate, não tem antítese, livre manifestação... Não tem ponto e contraponto. Imprensa... Tem censura, tem controle, tem prisão.

Na República Popular Democrática da Coreia, a referência à democracia fica restrita ao nome oficial do país. Na Coreia do Norte, nem o respirar de cada um é realmente próprio. E a liberdade é o que garante a existência e manutenção de todos os direitos fundamentais.

Na Venezuela, a imprensa contrária ao ditador Nicolás Maduro sumiu. Jornal, televisão, emissora de rádio, basta ser contra o herdeiro de Chávez e sua revolução bolivariana para que o resultado seja o banimento, o fechamento do veículo. Políticos opositores também vivem em risco.

Na Nicarágua, os adversários políticos de Daniel Ortega estão sendo presos. O que o ditador reserva àqueles que querem concorrer com ele à presidência não é a possibilidade de fazer uma campanha livre, apresentar ideias, debater. O que Ortega tem contra seus opositores não são bons projetos e argumentação; é a prisão, e pronto.

Esse sempre foi o sonho dos senadores de oposição que manipularam a CPI da Covid no Senado: prender. No caso, botar atrás das grades o presidente Jair Bolsonaro, "criminoso" previamente escolhido ainda no nascedouro da comissão. Conseguirão? Com um relatório juridicamente nulo, duvido.

Prender, cassar a chapa legitimamente eleita em 2018, banir Bolsonaro das redes sociais... Num país que tem até deputado federal preso numa farsa, que tem exilado político, o processo legal esfacelado, que tem perseguição a jornalistas, a médicos, tem censura bem apontada, num país assim o absurdo é superado todos os dias.

Juntam-se STF, TSE, *Big Techs* e oposição, na sua democracia particular. Calar, para alguns, é viciante. É censura prévia tirar Bolsonaro das redes? Contraria a Constituição? Danem-se a Constituição e o presidente. Calar, silenciar. É totalitarismo puro da turma que insiste em falar de igualdade e democracia.

Sim, estamos ficando parecidos com China, Cuba, Coreia do Norte, Venezuela, Nicarágua... Parece que a ideia passou a ser exterminar o adversário, para vencer sempre, mesmo que por W.O. Vencer porque o oponente foi eliminado ou prejudicado de modo decisivo, no tapetão. Isso não é vitória. E, posso afirmar, nada se compara a vencer com regras claras, numa concorrência leal, no peito e na raça.

82. PODEMOS SER OTIMISTAS?

[10/03/2022]

Do que são capazes as conjunções adversativas? Mas, porém, contudo, todavia... No entanto, entretanto, não obstante, ainda assim... Quanto mal podem fazer, nas mãos de quem aceita, no máximo, uma "despiora" da economia? As manchetes nos jornais, nos portais de notícias são feitas para isso: para exprimir oposição, contraste a tudo o que possa indicar esperança para o Brasil, para a nossa economia, em especial.

Na torcida contra o país, mais do que contra o governo, os pessimistas do consórcio de imprensa e as suas conjunções adversativas tentam diminuir, anular qualquer indício de positividade. Selecionei algumas manchetes que ilustram bem o método dos jornalistas, quando, "infelizmente", eles não conseguem escapar de dar boas notícias... "PIB marca normalização da economia, mas mostra falta de 'fôlego'"; "PIB: investimento sobe, mas não o bastante para manter crescimento do país"; "Economia brasileira está em alta, mas cenário ainda é nebuloso".

Se há uma campanha contra o governo, e há, o exercício de futurologia será conduzido por esse movimento cruel. As premissas serão sempre negativas. Não importa se o PIB cresceu 4,6% em 2021... Não importa se o Brasil é um dos poucos países do mundo que estão com o PIB acima do registrado antes do coronavírus. A conjunção adversativa toma conta dos jornais, tenta destruir qualquer possibilidade de otimismo, tudo o que possa haver de positivo.

O Brasil criou quase três milhões de vagas com carteira assinada, em 2021, e as manchetes têm um mundo de "poréns": "País terá mais trabalho em 2022, mas taxa de desemprego não cairá"; "Desemprego recua para 13,7%, mas ainda atinge 14 milhões"; "Emprego cresce em grandes cidades, mas ritmo é lento". E continua assim, também quando falam da valorização da nossa moeda: "Melhora do câmbio é boa notícia, mas há incertezas no caminho". E quando, me digam, não houve dúvidas nessa vida? Está na imprensa: "Melhora projeção para desempenho fiscal do Brasil, mas há incertezas". Novidade...

Conjunção adversativa em excesso, a toda hora. Ninguém quer admitir que houve acerto em políticas econômicas implementadas, que estamos apontando para o único e correto caminho. É proibido confiar, é proibido acreditar no crescimento e na prosperidade. É ano de eleição, e economia decide. Que nos livrem das conjunções adversativas, de suas armadilhas pessimistas e depressivas. Que nos permitam sempre o espaço para o alento, o otimismo, longe de um plano político sórdido e do ódio a um governo.

LACOMBE
LACOMBE
LACOMBE
LACOMBE

Eleições 2022

83. DESCANSO MÍNIMO

[06/01/2022]

Nos meus tempos de colégio, o ano letivo era mais curto. Tínhamos apenas 180 dias de aula. Como sempre fui bom aluno, escapando de recuperação e provas finais, eu costumava ter férias da segunda semana de novembro até o início de março. E as férias no meio do ano se estendiam por quase todo o mês de julho. Acho que acumulei energia suficiente nesse período para cursar duas faculdades ao mesmo tempo e, depois, para atuar como jornalista, profissão que não respeita fins de semana, feriados e madrugadas teoricamente silenciosas.

Tenho dois programas na televisão, dois projetos na internet, escrevo para três jornais. Como nossos magistrados, não tenho direito a horas extras, não tenho jornada de trabalho definida, estou disponível 24 horas por dia. Nossos juízes ainda podem tirar 60 dias de férias por ano... Eu não posso. Também não tenho um privilégio de servidores públicos, a possibilidade de pedir licenças especiais remuneradas. E não estou aqui para clamar por mais tempo de férias, mais dias não trabalhados. Muito pelo contrário.

Sei dos desafios que 2022 impõe, não apenas a jornalistas, a todos nós. Este ano vai exigir de cada brasileiro muita atenção, muito cuidado. Alerta máximo, descanso mínimo, só o necessário para seguir em frente, não embaralhar a mente, não embotar o pensamento. Serão dias movimentados, numa guerra quase sempre suja... Bandidos se vendendo como mocinhos, mentirosos desavergonhados, egoístas e oportunistas, estão todos aí, tentando laçar os desinformados, os distraídos, os preguiçosos, qualquer um que pisque mais lentamente.

Este ano, teremos a eleição mais importante da história do país. Pense bem em cada um dos seus votos, todos são importantes. Há tantos instrumentos para identificar os canalhas, os velhacos, os farsantes. Descarte imediatamente os que não querem saber de liberdade, os que representam o retrocesso, o atraso, fórmulas que nunca funcionaram. Verifique, por exemplo, os deputados que votaram pela manutenção da prisão do deputado federal Daniel Silveira, os congressistas que votaram a favor do bilionário fundo eleitoral, contra o Marco Legal do Saneamento Básico, contra a privatização dos Correios... Não dê a eles um novo mandato.

Vem de cada indivíduo a condução do Brasil pelo caminho justo, verdadeiro, correto. Somos, por natureza, animais políticos, ensinou Aristóteles. Entregue-se ao debate, não permita a eliminação do confronto de ideias. Mergulhe nos fatos, no mundo real. Argumente, contra-argumente. Não esqueça, Platão deixou claro que aqueles que não gostam de política serão governados pelos que gostam. Felizmente, os brasileiros se politizaram. Agora, então, exigem de todos nós empenho, luta pela verdade... Será um ano de enormes desafios. Meus tempos de colégio e férias longas estão distantes, muito distantes. Eu estou a postos. E você?

84. ASSENTAMENTOS DE MENTIRAS

[24/03/2022]

Ele não anda pelas ruas. Escolhe bem aonde ir e com quem se encontrar. Mentiroso confesso e contumaz, ele já não arrasta multidões, desde que seu partido arrastou bilhões de reais de empresas estatais para os próprios bolsos, amplos, largos, fundos. Seus apoiadores onde estão? É incerto onde se aglomeram. Lula não emociona, é um emplastro. Nas ruas, por ele, estão apenas aqueles que os funcionários de empresas de pesquisas eleitorais descobrem. Estatisticamente, pelo menos, são muitos. Devem aguardar ansiosamente o encontro com Lula. No meio do povo, de novo...

Poderia ter sido na praia... Lula queria dar um mergulho no mar, mas achou melhor interditar o seu pedação de areia. Ele já não sai por aí, já não mora em São Bernardo do Campo, já não quer esbarrar com qualquer um. Questões de segurança. Seu povo aguarda, obediente e compreensivo, a hora de saudar e aplaudir o chefe, de estar perto dele. E a hora chega, o jornal anuncia: "Lula, de novo nos braços do povo". Encontro marcado para Londrina, no Paraná. O pré-candidato quer ser abraçado, quer abraçar milhares de pessoas, antes dos milhões das pesquisas eleitorais.

Era tanta vontade de estar com todos, mas não teve rua, praça pública, estádio de futebol. Não teve multidão. Lula visitou apenas um assentamento do Movimento dos Trabalhadores Rurais Sem Terra na cidade paranaense. Falou para uma gente comportadamente uniformizada, simples, humilde. Repetiu, em discurso, o que lhe disseram, que "a agricultura familiar tem capacidade para alimentar nosso país". É tão lindo: querem produzir em larga escala alimentos não transgênicos, sem o uso de defensivos agrícolas... E querem proteger as florestas ao mesmo tempo! Povo, não dá. Seria preciso aumentar assustadoramente a área plantada, desmatar, desmatar muito.

Lula nunca parece mesmo disposto a se encontrar com a verdade... e com o povo. A ida a Londrina não valeu, claro, como um "teste das ruas". É compreensível, para alguém condenado por corrupção e lavagem de dinheiro em três instâncias, por nove juízes. Lula é como um produto estragado, vencido, que foi retirado da prateleira do supermercado e, porcamente, estão querendo colocar de volta. Assim como o MST, ele representa a ilegalidade. Ou alguém vai dizer que invadir propriedade privada, depredar, destruir plantações, benfeitorias, que nada disso é crime?

Assim como o MST, Lula representa a mentira e o atraso, o que não tem como dar certo. Do outro lado está um governo que reduziu drasticamente o número de invasões de fazendas, que assegurou aos proprietários a defesa de suas áreas, que cortou o financiamento de ONGs ligadas aos sem-terra e à falsa proteção do meio ambiente. No governo Bolsonaro, foram 24 invasões de propriedades rurais até agora. Nos dois governos Lula, foram 1.968! E o atual presidente distribui, como nenhum outro, títulos de regularização fundiária: 128 mil só no ano passado. Ainda bem que o povo de verdade, nas ruas de verdade, não se engana, ainda bem que o povo nas ruas sabe de tudo.

85. CAIPIRINHA DE CHUCHU

[21/04/2022]

"A primeira impressão é a que fica". A frase é antiga e foi parte do conteúdo da cadeira de psicologia social, no único ano que dediquei à faculdade de psicologia. Tive um professor maravilhoso nessa matéria. Chamava-se Bernardo Jablonski. Além de psicólogo social, era também ator ligado à comédia e escrevia textos para teatro e televisão. Suas aulas eram concorridíssimas, atraíam alunos de vários cursos, não apenas os estudantes de psicologia.

Lembro-me bem de quando Jablonski falou sobre como tendemos a lutar para manter a primeira impressão que temos de uma pessoa. O exemplo era hilário... Se você visse alguém de quem, de cara, não gostou ajudando uma velhinha a atravessar a rua, provavelmente pensaria o seguinte: "Esse malandro está aprontando alguma, vai dar um golpe na senhora, vai tentar extorquir dinheiro dela"... Da mesma forma, se você observasse alguém de quem gostou de imediato, no primeiro encontro, espancando uma velhinha, haveria grande chance de pensar o seguinte: "Essa senhora não presta, aprontou alguma, com certeza merece a surra".

Esse conceito da psicologia social, acho, não vale quando se trata de política. Não há primeira impressão que resista a uma proposta de aliança, a um acordo, mesmo que mal enjambrado. Claro, política tem disso. As alianças fazem parte da busca pelo poder. Inimigos num dia, companheiros inseparáveis no outro. Às favas com os princípios, com os fatos.

Geraldo Alckmin e Lula estão nessa. O ex-governador de São Paulo, de repente, viu no "criminoso querendo voltar à cena do crime" uma transformação inconcebível... Lula virou "o maior líder popular do país". Em retribuição, o "descondenado" pelo STF passou a achar Alckmin um exemplo de civilidade. Se alguém no PT já chamou o ex-tucano de fascista, foi só uma primeira impressão equivocada. Se Alckmin já considerou os governos de Lula e Dilma um desastre total, isso passou.

Cheguei a trabalhar seis meses com o médico Geraldo Alckmin, que foi colunista de saúde de um programa que eu apresentava. Pessoa afável, tranquila, humilde... Eu já imaginava que não fosse verdadeiramente um político liberal, conservador, mas não podia prever uma transformação tão drástica. Não o reconheço. Ele próprio não tem como se reconhecer, tornou-se outra pessoa. Agora, é um orador exaltado, que berra, a voz rouca...

Seu discurso é patético, mentiroso, dissimulado, hipócrita, artificial, cínico, de alguém que se juntou a bandidos, sabendo exatamente quem eles são. Não terá escapatória, virou cúmplice. Defenderá também o aborto, a censura, a perseguição a parlamentares e suas famílias, a revogação da reforma trabalhista, do teto de gastos?

Lula e Alckmin estão juntos, viraram companheiros um do outro, companheiros do diabo, a quem vendem a alma sem titubear. De que importa mesmo a primeira impressão? Se um dos dois for visto por aí espancando uma velhinha, não tenho dúvida, terá a defesa incondicional do outro... E farão um brinde de cachaça com chuchu.

86. COM AMOR E CARINHO

[14/07/2022]

Quem inventou o nós contra eles? Quem faz questão de nos dividir, com um papinho mole de união, fraternidade e solidariedade? Homens e mulheres; homossexuais e heterossexuais; brancos e pretos; magros e gordos... Quem politiza tudo? Até uma pandemia... Quem abriu guerra contra a autonomia médica, quem rasgou a Constituição, fingindo combater uma doença? Quem assassinou as liberdades: o direito de ir e vir, o direito ao trabalho? Quem monta palanque em velórios, em enterros?

Contam os mortos com indisfarçável entusiasmo, não todos, só aqueles que interessam, que servem a uma narrativa esdrúxula. Apontam o dedo, insistem, acusam: nazista, fascista, genocida, é tudo culpa dele. Mandou matar Marielle Franco, Dom Phillips e Bruno Pereira. Mandou matar os coitadinhos que sequestram, assaltam, roubam celulares. São meninos, não importa a idade que tenham. São vítimas da sociedade. E os bondosos de araque estão todos com eles; são cúmplices, são parceiros de crime.

A camisa vermelha, modelo cubano, microfone na mão, e um pedido: palmas para alguém acusado de tentativa de homicídio... E a facada não foi facada, ou foi, mas, infelizmente, falhou. Adélio não era do PSol, um louco apenas, agiu sozinho. Vale cuspir, esfregar a cara do presidente no asfalto quente, jogar futebol com a cabeça dele, torcer para que Bolsonaro morra de Covid, com um tiro no peito, enforcado, na guilhotina...

É tudo por um mundo melhor: invasão de propriedade privada, de igreja, ataque ao edifício de uma ministra do Supremo, bandeiras brasileiras rasgadas e queimadas, cinegrafista morto por um rojão, torcida pelo terrorismo. É tudo por bondade, quando o MTST grita "vamos incendiar o país" e a CUT responde que "vamos fazer uma guerra civil"... É tudo tão fofo, quando Benedita da Silva afirma que "é preciso derramar sangue", quando José Dirceu fala que quem não está com eles "vai apanhar nas ruas", quando Gleisi Hoffmann avisa que "vai morrer gente" e Mauro Iasi, do PCB, detona: "vamos fuzilar".

É tanto ódio bem-intencionado, a paixão incontrolável pela censura, pelo banimento, pelo cancelamento, quase uma espécie de assassinato. É uma devoção sem fim à ditadura, à eliminação do contraditório, de quem não embarca em suas ideias já testadas e fracassadas. Os corruptos contumazes e incompetentes históricos estão mergulhados na violência há mais de um século. E, se os estúpidos e selvagens estão por toda parte, em todos os lados, desde que o mundo é mundo, eles sempre serão encontrados, em sua grande maioria, abraçados àqueles que também não se livram do amor pelo ódio.

87. MENTIRAS, BOBAGENS E GAFES

[01/09/2022]

Já pensaram como seriam os debates políticos, se houvesse um detector de mentiras infalível, do tipo que ninguém conseguisse enganar? Que apitasse na primeira lorota, a cada embuste, emitindo um extremo agudo "piiii"... Como o som que é usado para cobrir palavrões em reportagens de rádio e TV. Não teríamos uma sinfonia, nada que agradasse aos ouvidos, mas seria melhor do que uma mentira atirada descaradamente, e que as regras dos debates não permitiriam que fosse rebatida de imediato. "Piiii", "piiii", "piiii", essa seria a "trilha sonora".

No primeiro encontro entre os principais candidatos a presidente da República, Lula não tentou negar a corrupção nos governos do PT, preferiu não comentar sua torcida pelo coronavírus, sua paixão por ditadores socialistas... Teria escapado, com seu silêncio, de provocar o apitaço do imaginado detector de mentiras. E, se a tecnologia permitisse também a identificação de bobagens proferidas, de gafes, o "piiii" teria sido ouvido quando Lula anunciou uma pergunta à candidata "Simone Estepe". E, ainda, quando ele disse que "Dilma foi derrubada por causa de uma pedalada, mas não se fala nada da motociata"... No momento em que Lula travou, no melhor estilo Joe Biden, o aparelho talvez tivesse emitido... gargalhadas.

Lula disse que foi preso para que Bolsonaro fosse eleito... "Piiii"! Afirmou que foi inocentado no Brasil... "Piiii"! E na ONU... "Piiii"! Desmatamento na Amazônia? O menor foi no governo dele... "Piiii"! Sem o detector de mentiras, bobagens e gafes, o petista acabou levando pancada de Ciro Gomes. O Cirão, que receberia Sergio Moro a tiros (mas fez discurso contra as armas... "Piiii"!), que já distribuiu xingamentos, agressões, que achou justo seu irmão jogar uma retroescavadeira contra policiais amotinados. "Chega de ódio", disse Ciro. "Piiii"! "Eu quero reconciliar o Brasil..." "Piiii"! "Hora de me conectar com o seu coração..." "Piiii"!

O primeiro debate dos candidatos a presidente foi praticamente uma convenção de mulheres. Quase todas as perguntas foram delas. E viva a igualdade! Simone Tebet adorou, disse que precisamos de uma mulher para arrumar a casa... "Piiii"! Ela afirma sempre que mulher faz o que quer, mas só pode votar em mulher. "Piiii"! Soraya Thronicke concorda, sem pestanejar. Ela confessou que vira onça... "Piiii"! Mas, por via das dúvidas, pediu reforço de sua segurança... "Piiii"! Ninguém pode esquecer que o Brasil tem 75 mil feminicídios por ano... Estatística inventada por uma jornalista, que também mereceria um "piiii".

Outra jornalista já sabe o que fez a cobertura vacinal contra doenças como a poliomielite cair no Brasil. E não tem nada a ver com as vacinas contra a Covid, que não imunizam... Ela já zombou da ex-ministra Damares, que sofreu abuso quando criança, e precisa decidir logo se quer igualdade no tratamento entre homens e mulheres, ou se é proibido confrontar mulheres com firmeza num debate. Foi criticada por sua militância, pelo ódio a um governo, não por ser mulher. Sua pergunta malandra, provocativa, com resposta falsa embutida, não faz parte do bom jornalismo. E o detector de mentiras, bobagens e gafes a pegaria também, num "piiii" irritante e redentor.

88. RUAS E URNAS

[08/09/2022]

Era tanta gente que a oposição ficou deprimida, sentiu, chorou. Os travestidos de políticos, os travestidos de jornalistas... Em todo o país, ruas, avenidas, praças e orlas foram completamente tomadas. Todo tipo de gente, de todas as idades, famílias inteiras; a festa era para todos. E o que a oposição enxergou? Um movimento de golpistas e preconceituosos... Chega a ser risível. Disseram que haveria violência, que era melhor ficar em casa... Posicionaram atiradores de elite, convocaram esquadrões antibomba, milhares de policiais, que apenas testemunharam um povo em festa.

Qualquer um — candidatos, prefeitos, governadores — poderia ter convocado sua própria comemoração pelo Sete de Setembro. Todos eram livres para aproveitar a data do seu jeito. Trancou-se em casa quem quis, quem desconfia de sua capacidade de atrair apoio popular. Espaços para todos se reunirem nesse Brasil imenso não faltam. Os que preferem a cor vermelha, o hino socialista, a ditadura do proletariado poderiam ter encontrado um cantinho, uma viela, um beco qualquer, para fingir um sentimento de patriotismo, um apreço baldio pela liberdade.

Faltaram à festa oficial em Brasília os presidentes da Câmara, do Senado e do STF, e isso não fez a menor diferença. Há muito tempo, eles têm faltado quando o país mais precisa... Mesmo tapando os ouvidos, devem ter entendido o recado da multidão nas ruas e a mensagem clara do presidente da República de que a Constituição será cumprida. Que escândalo! Como alguém ousa dizer que as leis serão respeitadas?

Os discursos de Bolsonaro foram em defesa da liberdade, contra aqueles que defendem bandidos, entre eles um político condenado em três instâncias. Esse que não poderia nem estar solto, muito menos estar concorrendo a uma eleição. Esse que a velha imprensa anda dizendo respeitar mais o cargo de presidente da República do que Bolsonaro. Esse que, na Presidência, comandou esquemas bilionários de corrupção.

Nos 200 anos da independência, ficou claro que democracia é o poder que emana do povo, que a maioria decide. E, não se engane, o que beneficia a maioria beneficia também as minorias, já que somos iguais perante as leis, já que temos os mesmos direitos e deveres. Em tempos tão estranhos, é até possível que a maioria nas urnas seja diferente da maioria nas ruas, mas ninguém pode ter dúvida de que nenhum outro líder mundial tem a capacidade de Bolsonaro para mobilizar tanta gente.

O que temos visto nos últimos três anos é um resgate do patriotismo, que não tem nada a ver com nacionalismo. Até o Primeiro de Maio, antes dominado por sindicatos e pela cor vermelha, já foi tomado pelo verde e amarelo. Povo na rua, de forma ordeira e pacífica, será sempre democrático. E quem disse que os atos de Sete de Setembro seriam um termômetro para medir o fascismo no Brasil deveria estar por aí, cantando o Hino Nacional e o Hino da Independência.

89. OS SEIS TAPINHAS

[15/09/2022]

Seis tapinhas no rosto de um ministro do TSE, e está decidido: Bolsonaro não pode usar as imagens dos gigantescos atos de Sete de Setembro em sua campanha eleitoral. Mais seis tapinhas, e pronto: nunca houve grandes manifestações no Bicentenário da Independência. Mais seis tapinhas, e ficará muito claro que nenhum outro candidato à Presidência da República reúne tanta gente nas ruas quanto Lula. No último fim de semana, está sacramentado, o PT juntou em Taboão da Serra, na Grande São Paulo, 504.682 pessoas. O cálculo foi feito pela USP, não dá para rebater. Na Avenida Paulista, na resposta aos atos de Sete de Setembro, que, como todos já sabem, não foram realizados, havia exatamente 1.223.704 bandeiras vermelhas.

São seis tapinhas carinhosos na face, coisa de parceiros, e Lula pode chamar Bolsonaro de genocida e fascista à vontade. Mais seis tapinhas, e todo mundo vai entender de uma vez que o agronegócio também é fascista. Nesse ritmo, para salvar o meio ambiente, o petista está autorizado a dizer que a ONU vai mandar no Brasil, que soberania nacional é uma bobagem. Para que serve o Congresso, deputados e senadores, se as Nações Unidas são tão boazinhas e sabem o que é melhor para o mundo todo, incluindo o nosso país? A ONU vai dar tapinhas no rosto do parlamento brasileiro, que, obediente, ficará até satisfeito. Se for oferecida, então, além dos tapinhas, uma boa grana mensalmente...

Os eleitores, indicam as infalíveis pesquisas, também estão aceitando numa boa os tapinhas no rosto. Assim são os desorientados e desmemoriados, os incapazes de olhar o mundo real. Lula pode falar abertamente em censura na mídia e na internet, pode anunciar que o Brasil terá um novo regime. Mais tapinhas... Romper teto de gastos, o que não dá certo em nenhuma casa ou empresa; taxar grandes fortunas, o que quase todos os países desenvolvidos já abandonaram; acabar com a autonomia do Banco Central, estatizar, "fórmulas" que nunca deram certo podem ser apresentadas como a solução para todos os problemas. O Estado enorme dará tapas na nossa cara.

Seis tapinhas na face, e dá para mudar o que está escrito na bandeira brasileira, eliminar da América do Sul dois países... Dá para acusar Bolsonaro de sequestro, de ser o mandante de crimes brutais, mesmo quando o assassino da ex-mulher e do filho de 2 anos (que se chamava Luiz Inácio...) tem uma tatuagem bem grande de Lula no braço. O governo que está aí há quase quatro anos é violento e agressivo mesmo, não sabe a doçura dos tapinhas na face... Golpistas e preconceituosos, esses merecem apanhar, como o deputado federal paranaense apoiador do presidente... E o sobrinho dele, de 18 anos, e o tio dele, de quase 70.

Fica ligado aí! E seis tapinhas na cara. Pode liberar bandido para ser candidato à Presidência, pode atropelar as leis, abrir inquéritos ilegais, pode prender, censurar, quebrar sigilo bancário, bloquear contas... Basta querer. Todos serão enquadrados, é para o bem da nação, em defesa da democracia. Ordens são ordens, sempre que são dadas por alguém que está ao lado daquele que dá tapinhas no rosto de um ministro de um tribunal superior. E oferecer a outra face não é para qualquer um.

90. PERIGO, PERIGO

[29/09/2022]

Ele é o candidato dos ministros supremos, sem os quais nem poderia concorrer. De inocente não tem nada. Inocentado não foi. Acumulou condenações em três instâncias. No TRF e no STJ, por unanimidade, com provas sobradas. Corrupção e lavagem de dinheiro... Teve até a pena aumentada e, de repente, depois de cinco anos, resolveram "descondená-lo". Virou o candidato da velha imprensa, da imprensa velhaca, de artistas órfãos do dinheiro público. Sempre foi o escolhido dos banqueiros, de empresários fajutos — os reis da boquinha —, dos donos da boca, traficantes, terroristas, bandidos.

Ele adora um ditador, os de Cuba, da Venezuela, da África. Financiou esses tiranos com o dinheiro dos brasileiros. Não à toa, acha o regime totalitário chinês um exemplo a ser seguido. Aplaude Daniel Ortega, da Nicarágua, que persegue religiosos e a imprensa. Acha lindo defender o aborto e a censura. Quer abraçar o globalismo, e a soberania nacional que se exploda. Quer que acreditem que há boas intenções, que há bondade numa aliança, desde o início, construída sobre enganações, uma aliança do mal.

Sua campanha pode tudo, pode mentir à vontade... "A alma mais honesta deste país" está liberada para falar o que quiser. E as besteiras que fala não viram manchetes, não geram questionamentos. Ele representa um mundo sem fim de absurdos. Querem fingir que não houve roubalheira, mensalão, petrolão, que ninguém pilhou estatais e fundos de pensão, que ninguém foi condenado e preso, que bilhões não foram devolvidos aos cofres públicos. E é bom separar um troquinho porque Lula já avisou que quer ser indenizado.

Ele não tem plano de governo, só tem ameaças. Ao agronegócio, à liberdade econômica, ao Estado enxuto e competente, às liberdades individuais, à liberdade de expressão... Não sabe como gerar empregos, o que o atual governo tem feito, mesmo com pandemia e uma guerra na Europa. Entenda-se, de uma vez por todas, não há como apontar um país sequer em que o sistema econômico socialista tenha dado certo. Lula não foi bom, não é bom e nunca será. Suas ideias não eram boas, não são boas e nunca serão.

Não há amor na psicopatia. Não há bondade em quadrilhas. Não há esquecimento redentor, que transforme alguém tão ruim na melhor pessoa do mundo. O voto em Lula é o resultado do ódio a um governo que tem muitas qualidades. É, no fim das contas, o ódio à verdade, ao mundo real, o ódio a si mesmo. É uma tentativa de liquidar a esperança, que tremula na bandeira verde e amarela. A bandeira vermelha, e isso não mudará, nos serve apenas como um alerta de perigo.

91. POR AMOR AO BRASIL

[06/10/2022]

Contra tudo e contra todos, todos os fraudadores, os enganadores: socialistas histéricos, consórcio de imprensa, empresas que manipulam pesquisas eleitorais e se entregam a campanhas políticas, ministros supremos que censuram, prendem e fazem suas próprias leis. Contra um sistema de votação e totalização dos votos que a turma satânica, mal disfarçada de defensora da bondade, da democracia, não permitiu que fosse melhorado, que ganhasse materialidade e se tornasse auditável. Contra a má-fé, a enganação, a maquinação ardilosa para salvar uma quadrilha e aprisionar de vez o Brasil. Assim, Jair Bolsonaro chega ao segundo turno das eleições.

É o presidente contra as fraudes. A principal delas, um concorrente que deveria estar preso. Lula se afundou em roubalheira. O povo pouco lhe importa. Em primeiro lugar vêm ele, seu partido, seus cúmplices, seus filhos. Tem carinho especial por governos genocidas na América Latina e na África... Lula é uma fraude que a voz rouca, se esvaindo, não consegue negar. Talvez seu grande apoiador seja mesmo um algoritmo, já que as multidões o abandonaram faz tempo. Não tem vergonha de fraudar até o seu plano de governo, ainda incompleto, para não afastar possíveis apoiadores.

O que já se sabe de suas ideias tresloucadas, sem base no mundo real, aponta para a desgraça total. Políticas públicas fajutas, incompatíveis com um Estado eficiente, com a boa gestão. Defende a intervenção do governo na economia, quer rasgar de novo o dinheiro dos pagadores de impostos, todos nós... Quer voltar a arrancar do trabalhador o imposto sindical... Quer adotar, mais uma vez, práticas que quebraram as estatais, quer lotear essas empresas, para ganhos políticos, para ganhos financeiros para si próprio e os seus. Fraude! Fraude! Promete censura, fim do teto de gastos, revogação de reformas importantes, que ajudaram o Brasil a sair de uma enorme crise econômica provocada pelo PT no poder.

Lula é tudo aquilo de que nosso país não precisa; ele quer fazer o contrário do que o mundo desenvolvido aponta como única solução. É mesmo uma fraude enorme, uma mentira gigante qualquer tentativa de jogar contra o livre mercado, o verdadeiro capitalismo, com regras claras e concorrência leal, contra o Estado enxuto, que exerce suas atribuições naturais... O povo não precisa de um tutor, de um pai de todos. Lula nunca garantiu o churrasco de ninguém. Pegou a casa arrumada e a bonança mundial o ajudou por um curto período. Estaríamos em situação muito melhor se o PT nunca tivesse ocupado a Presidência da República.

Contra todas as fraudes, temos um país com inflação e desemprego em queda, PIB crescendo, superávit fiscal, concessões e privatizações gerando quase R$ 1 trilhão em investimentos. Temos um governo que nos custa menos e que gasta melhor nosso dinheiro. Temos a defesa ampla das liberdades, temos um novo Senado, uma nova Câmara dos Deputados. E esse movimento deve continuar... Ninguém precisa amar Jair Bolsonaro para votar nele, mas precisa amar o Brasil.

92. ÚLTIMA CHAMADA

[27/10/2022]

Quem vai combater a pobreza, a fome? Quem promete picanha e cerveja? Ou quem pagou em 16 parcelas, nos anos de 2020 e 2021, R$ 359 bilhões de Auxílio Emergencial? Isso é mais do que foi distribuído pelo Bolsa Família em 15 anos, entre 2004 e 2019. Com o Auxílio Brasil, Bolsonaro vai fechar seu mandato à frente de Dilma e Lula no pagamento de programa permanente de renda: R$ 157,7 bilhões, em apenas quatro anos. Lula pagou praticamente o mesmo valor, mas em dois mandatos.

Em quem você apostaria para que a oferta de alimentos aumentasse e os preços dos produtos caíssem? No candidato que chama o agronegócio brasileiro de fascista, ou naquele que tem o apoio dos nossos produtores rurais e promoveu avanços enormes na estrutura para escoamento da produção? Você prefere quem apoia o Movimento dos Trabalhadores Rurais Sem Terra, que invade, sim, propriedades produtivas, ou quem reduziu a quase zero o número de ocupações?

Quem vai implementar o melhor programa social do mundo: o incentivo à criação de empregos? Aquele que diz que não tem ideia de como fazê-lo, de como gerar novas vagas de trabalho, aquele que ameaça os empregos informais, principalmente os ligados a novas tecnologias? Ou quem já está criando mais empregos do que todos os países do G-20, os mais ricos do mundo?

Quem vai combater a inflação? Quem pretende aumentar o gasto público, o número de ministérios, o número de servidores? Ou quem reduziu o número de pastas e gerou a maior economia com o funcionalismo da história do país? Quem promoveu um processo acelerado de digitalização dos serviços públicos, ou quem gosta de burocracia? Quem vai torrar o dinheiro dos pagadores de impostos, gastar até o que não temos, até em obras em outros países, é esse o seu preferido? O Estado intervencionista que o Lula ama está fazendo estragos na Argentina e já destruiu a Venezuela...

Segurança pública? Quem defende os meninos que roubam celular, quem ataca as forças de segurança? Quem acha todo bandido uma vítima da sociedade? Quem defende um mundo de benefícios para réus e condenados? Quem intercedeu pela libertação de sequestradores? Quem protegeu terrorista italiano envolvido em quatro assassinatos? Quem entra em favela dominada por traficantes, com toda a tranquilidade e segurança?

Quem vai combater a corrupção? O partido que comandou o mensalão e o petrolão, que dilapidou estatais e fundos de pensão? O partido que teve seu chefe condenado em três instâncias por corrupção e lavagem de dinheiro? O PT, que ocupou as cadeias com presidentes, diretores e gerentes de estatais, ministros, líderes no Congresso, tesoureiros, publicitários?

Quem vai garantir a liberdade? Quem promete regular a mídia? Quem pede censura, censura prévia, banimento, cancelamento? Quem apoia processos ilegais, a suspensão da Constituição, pelo menos até depois das eleições? Quem tentou extraditar um jornalista estrangeiro? Que democracia

ELEIÇÕES 2022 | 227

é essa que o PT defende, abraçado a ditadores da América Latina? Lula admite que mente, esconde o programa de governo, não anuncia a equipe econômica... Ele quer voto e sabe que não teria chance, sem a torcida da velha imprensa e a ajuda do árbitro.

93. TRAMOIA FUTEBOL CLUBE

[03/11/2022]

Escreve, apaga, escreve, apaga. Apaga da mente. Isso não pode. Não pode nem pensar. Exprimir o pensamento, então... Expressar uma opinião... Nem cogite. Questionar deixou de ser democrático. Contestar virou rebelião. Há uma verdade imposta, que, dessa forma, jamais será verdade. Porque não há nada que se estabeleça sem perguntas, sem debate.

O que dizer, então? Foi jogo de uma torcida só... A outra ficou fora do estádio. As imagens da festa que fez antes da partida, em várias partes do país, não puderam ser usadas. A multidão em verde e amarelo nunca existiu. O apoio ao melhor time, com os melhores jogadores, o melhor comandante, as melhores táticas, habilidade e técnica superiores, foi praticamente proibido.

O certo era nem ter jogo, não contra o adversário que lançaram. O time tinha enfrentado três rebaixamentos seguidos. Todos merecidos. Nunca jogou nada e sempre adotou comportamentos antidesportivos. Sempre foi um esquadrão ligado a trambiques. Estava no limbo, merecidamente, porque acumulou falcatruas e derrotas.

De repente, inventaram de permitir que essa equipe de perebas e enganadores ascendesse a jato à divisão principal. Rasgaram regulamentos, regras, código de ética, ensinamentos basilares do esporte, e o timeco voltou à cena. E grande parte da imprensa aplaudiu, ignorando as irregularidades e os resultados desastrosos que modelo tão medíocre de futebol gerou em campeonatos pelo mundo todo, ao longo da história. Na antiga União Soviética, na China, na Coreia do Norte, em Cuba, na Venezuela e, mais recentemente, na Argentina.

O juiz apita, e a bola rola e não rola. O juiz apita o tempo todo, faz uma tabelinha desengonçada com o pior time que o Brasil já teve. O campo tem dono, a bola tem dono, o juiz manda, o juiz decide. Seus assistentes estão às ordens. A melhor equipe não tem chance, está sempre impedida. Apita o juiz: falta a favor do Tramoia Futebol Clube, e outra falta e mais outra, mais outra... Cartões amarelos e vermelhos vão segurando quem, em condições normais, venceria o jogo.

O juiz é o todo-poderoso, é o craque em campo. Ele e seus assistentes têm lado, e ninguém tem nada com isso. É jogo de torcida única no estádio; só vêm das arquibancadas elogios ao árbitro. A velha imprensa aplaude também. O juiz apita sem parar, manda no jogo, no estádio, no bairro, na cidade, no estado, no país. Ele mata no peito, dá passe para gol de mão e em impedimento, e já avisou que não quer contestação. O VAR foi abolido.

LACOMBE
LACOMBE
LACOMBE
LACOMBE
LACOMBE
LACOMBE

Os Desastres anunciados e consumados

94. PACHECO, CAMISA 171

[24/11/2022]

Romperam-se todos os limites. O vigia enlouqueceu, e o vigia do vigia faz cara de paisagem. É só mais um capacho, um traste, nada vê de errado, nada vê. Deixou o poder na mão do louco, do imperador sifilítico e de seus consortes. Não pede explicações, não questiona, não freia. Vê a corda ser esticada, a aposta ser dobrada, triplicada, só observa, condescendente. O vigia do vigia é assim: parece morto, mas é muito vivo. Olha para o próprio umbigo com todo carinho, com todo apreço.

Aceita a política fedorenta de um poder que não deveria ser político. Um mundo de irregularidades, de ilegalidades, de abusos desfila diante dos seus olhos sem expressão. Ele é alto, olha de cima, acha tudo normal, acha quase lindo. Libera geral, não se intromete. E sempre com a mesma cara, impassível, pedante. Sua fleuma entrega o país ao absolutismo. Não há imparcialidade, não há equilíbrio, independência, harmonia. Todo poder ao novo imperador, que pode fazer mesmo o que bem entender.

O vigia do vigia não está nem aí. Tem profundo apreço pela Constituição em ruínas. Havia prerrogativas, mas ele nem se importou. Ele tem negócios importantes, tem uma cadeira, não quer deixá-la. Ele ataca o que o imperador ataca, defende o que o imperador defende. Gosta de absurdos. Apoia quem quer esconder alguma coisa e finge mal, apoia a ausência de respostas, é a favor das explicações ausentes, das reações que não elucidam. Aceita numa boa o veto ao debate, às discussões técnicas, a mordaça ou coisa pior para quem questiona. Ele comprou baratinho uma nova ideia de democracia.

Ele fala em anormalidade institucional... E seus eleitores de outrora berram que anormalidade é o nobre senador não ouvi-los. Berros e mais berros, ecos, todos os erros cometidos pelo parlamentar, seus equívocos, sua omissão... Seus ouvidos moucos. Seus planos pessoais ardilosos, sua artimanha macabra, seu rabo preso, isso tudo é anormal. Sua gaveta trancada é uma agressão à ordem, às leis, à verdadeira democracia. Anormalidade é ficar contra o Brasil.

É dele a autorização para o caos, toda a loucura, a falta de legitimidade. Logo ele, Pacheco, nome de um personagem que representou o torcedor brasileiro na distante Copa do Mundo de 1982... Tínhamos um timaço e perdemos o Mundial... Aquele personagem da propaganda, claro, não teve culpa. Nem sempre o melhor vence. A esperança, neste momento, resiste porque, se o senador Pacheco de agora é moldado em covardia, o povo tem coragem de sobra.

95. A IDADE DA PEDRA

[15/12/2022]

Ouço grunhidos, rosnados, urros, berros. É tudo em defesa da democracia. O ser humano primitivo está de volta. Sua selvageria tem dentes afiados à mostra, ameaças, intimidação, coação. É tudo pela democracia, essa coisa destruída e reinventada. Coisa, não mais um exercício, um processo, um regime. Agora, é feita de retaliação, vingança, de raiva, ódio, perseguição, de destruição. Não tem mais relação com atos dentro da lei. Tem ranger de dentes, gritos e cusparadas disfarçados de discursos. Tem tapinhas no rosto, missão dada, missão cumprida. O povo está cercado por um bando.

As pedras estão nas mãos de quem? A bomba, a gasolina, o fogo, quem gosta disso? Não se engane, não tente enganar... Quem sempre tentou destruir? Quem destruiu? Quem separou? Os maus decidem que são mocinhos, que são os bons. Não desconfiar disso é se render. Não questionar é se deixar aprisionar. E vão arrebentar tudo, em tribunais, plenários, gabinetes, auditórios... Pedradas, pauladas. Não bastam todos os absurdos dos últimos anos, há o anúncio de novas surras nas leis.

O ódio está pregado nos maus. E o espancamento que promovem, eles anunciam, vai piorar. O autoritarismo foi diplomado, a supressão das leis foi aplaudida de pé por um minuto. O que é verdade, o que é mentira, isso só eles sabem. Chega de liberdade de expressão, de liberdade de imprensa, a internet também é deles, as redes sociais a eles pertencem. Sequestro da palavra, mordaça, e o chefe da verdadeira turma da pedra fala em "minha luta".

Tragédia, mais tragédia... O bando vê lisura e transparência e exige que todos vejam também. Não ouse enxergar a lisura e a transparência esmigalhadas, sob paus e pedras. Quem tem as chaves da cadeia? Os tortos, os capengas, enganadores, dissimulados, os descarados. Eles acham que a brutalidade e os abusos são redentores, que a tortura e o medo conduzirão à verdade, à pacificação. A democracia? Ela foi abandonada, em convulsões terminais.

Eles formam a verdadeira turma da pedra e inventam que são democratas. E todos os que pensam como eles também são. Os outros são fascistas, extremistas, vândalos, ainda que não destruam nada, ainda que sejam pacíficos e ordeiros, ainda que falem em garantias constitucionais. Não importa, serão eliminados. Não haverá oposição, não haverá Estado de Direito, não mais. Estão queimando tudo. E o que faremos, a partir das cinzas, é um desafio gigantesco e inadiável.

96. QUEBRA-QUEBRA DAS LEIS

[12/01/2023]

São cenas inéditas que se repetem... Como assim? As anteriores foram lavadas, enxaguadas. Bem que tentaram dar sumiço nelas. Esfregaram muito, mas não conseguiram. Ou conseguiram? O Ministério da Verdade informou: "nunca antes"... E a velha imprensa tem mesmo memória seletiva: "nunca antes"! Nem em 2006, nem em 2013, nem em 2017.

Foi coisa de stalinistas. Foi, não foi, foi, não foi. Já passou tanto tempo. Quem lembra de 2006, do Congresso destruído? Fica estabelecido que não houve 50 feridos. Os invasores não eram invasores nem vândalos. Talvez fossem, mas altamente democráticos. Não eram baderneiros. O chefe deles também não era. A voz rouca pediu ao Ministério da Justiça que o protegesse: "é grande companheiro, amigo e um grande militante da esquerda".

Em 2013, a democracia invadiu o Congresso, depredou ministérios, tentou incendiar o Itamaraty. É tão a linda a democracia! Uma liberdade que inflama, e ônibus e carros foram consumidos pelo fogo. Tudo, tudo, tudo tão democrático. E PT e PSol correram para pedir a libertação dos quase 100 *black blocs* que a PM do Distrito Federal tinha prendido. Uma causa nobre, suprema, assim, incompreendida...

Em 2017, o povo soberano, representado por centrais sindicais e partidos vermelhos, também botou para quebrar em Brasília. Todo mundo sabe que a melhor defesa da democracia é o ataque... Então, por um país melhor, mais livre, mais justo, os heróis, os paladinos nacionais queimaram os prédios dos ministérios da Agricultura, do Planejamento e da Cultura. Flávio Dino escreveu no Twitter: "Hoje, em Brasília, a voz do povo se fará ouvir". Viva a democracia!

Em 2023, algo mudou. Os vândalos, finalmente, viraram vândalos. A violência virou violência. A depredação virou depredação. Cenas inéditas de ataques à democracia. Inéditas! "Nunca antes", "nunca antes", porque só os outros cometem crimes. O Ministério da Verdade já avisou: esqueçam 2006, 2013 e 2017.

Agora, vamos todos para as ruas, vamos defender a democracia. Desfraldem as bandeiras vermelhas com a foice e o martelo... Não há nada mais democrático do que o comunismo. Rendam homenagens a Che Guevara, que fuzilava para libertar. E aprendam com o ministro da Justiça: "criminoso deve ser tratado como criminoso", a não ser que ele seja um dos nossos.

97. AS PIADAS SEM GRAÇA DA ECONOMIA

[19/01/2023]

Ele é economista, eu não sou. Ele faz o alerta: "o governo começou com o pé na tábua dos gastos". E queriam o quê? Não acompanharam a campanha eleitoral? Teto de gastos é o escambau. Não prestaram atenção na equipe de transição? Aquela com mil pessoas... Queriam regras confiáveis para conter os gastos públicos? O Congresso disse que o negócio é acelerar; dinheiro não faltará. Tem sempre alguém que paga a conta, que até pragueja, mas não reclama.

Os gastos são vários, são lindos. A politicagem é a rainha da gastança. Há tantos ministérios agora, são 37. Há tão poucos técnicos, tantos processos na Justiça pelo caminho. A imprensa exalta o colorido. Ninguém vai rasgar dinheiro, rechear os próprios bolsos. Agora, nenhum jornalista reclama se não há um médico no comando do Ministério da Saúde. Entender de economia também não é mais fundamental a um ministro da Fazenda.

São tantas piadas... Uma reforma tributária deve ser a reafirmação do amor que esse governo tem por impostos. Desoneração é o fim da picada. Impostos, ao infinito e além! Cobrar mais, mais e mais. Isso, por si só, já é assustador. E segue o drama: distribuir mal, gastar mal e gastar muito, muito. Se o rombo de R$ 231 bilhões em 2023 parece pouco, caminha o país de várias maneiras para a destruição.

Privatizar será proibido. E as empresas privadas precisam estar alinhadas com o governo, ou o boicote a elas, liderado pelo ministro da Fazenda, talvez vire lei... Ninguém riu na plateia. Ninguém vai rir das estatais comandadas por políticos e sindicalistas. Como é saborosa a ingerência. A gente amiga do partido dá risada, espantando a governança. Há tantas piadas sem graça e perturbadoras, há tantos interesses.

O economista pergunta sobre o "pé no freio do gasto". Ele quer saber da "organização da casa". As últimas respostas são: "a autonomia do Banco Central é uma bobagem", "a meta de inflação é exagerada"... Vivemos mesmo num país engraçado, que economiza, aumentando os salários do presidente da República, do vice, de ministros de Estado, parlamentares e magistrados do STF. Mas, fiquem tranquilos, os gastos públicos vão nos livrar de todos os problemas, vão salvar a indústria, as florestas, promover o saneamento básico, a educação, o desenvolvimento. O Estado vai salvar os pobres.

Dinheiro público, de onde vem, para onde vai? Reformem o Palácio da Alvorada, com urgência, sem licitação, o presidente precisa de uma casa, de uma cama. Não economizem. Vamos acertar nossas contas, gastando mais. Limite para despesas é coisa de gentinha. Equilíbrio é para os fracos. Dinheiro sempre houve. Pendurem tudo na inflação, nos juros altos, no desemprego. Nós sempre pagamos a conta... Vamos reclamar agora?

98. COMO ERA BOM O BRASIL

[26/01/2023]

O Brasil foi, entre 2003 e 2016, assim, uma espécie de Suíça, mas com todas as delícias e benesses dos trópicos. Era o melhor lugar do mundo, não havia termos de comparação com quase nenhum outro país. Alto índice de desenvolvimento humano, população toda alfabetizada, letrada, quase uma massa de intelectuais. Claro, nosso ensino era de primeira qualidade, aparecíamos no topo da lista em qualquer pesquisa internacional sobre o desempenho dos estudantes. Éramos incríveis!

Os investimentos em cursos técnicos cresceram; foi uma época em que entendemos que a universidade não é para todos, que a realização profissional não passa necessariamente por uma faculdade. E aqueles que se tornaram universitá-rios tiveram a chance de desenvolver estudos e pesquisas importantíssimos. Nesses 13 anos, o Brasil brilhou no meio acadêmico e científico, ganhou prêmios Nobel, desenvolveu tecnologias, soluções para tantos problemas que afligiam a humanidade. Éramos quase sobrenaturais.

O Brasil, nesse período, foi o país dos empreendedores. Os empresários, todos eles, eram reconhecidos e valorizados, seu empenho, seu trabalho árduo, toda a responsabilidade e todos os riscos que assumiam. Foram ajudados, é verdade, por um ótimo ambiente de negócios, pelo livre mercado, o fim da burocracia, um Estado enxuto, a responsabilidade fiscal. Livraram-se de uma política tributária insana e, com competência, organização e inovação, puderam crescer, investir, puxar o país. Éramos campeões.

Foi o período em que o Brasil verdadeiramente apostou no capital privado. Criaram-se milhões de empregos, só não trabalhava quem não queria. Era o pleno emprego, que durou até aquele fatídico dia: 31 de agosto de 2016. Até essa data, não havia recessão, o PIB crescia num ritmo alucinante. Todos os setores da nossa economia apresentavam resultados positivos, muito positivos. Nossa moeda era forte. A inflação era baixa. Éramos tudo de bom.

Foram 13 anos sem corrupção, sem que o governo comprasse parlamentares, sem desvio de verbas de empresas estatais, de fundos de pensão. Nunca o dinheiro dos pagadores de impostos foi tão valorizado, nunca foi investido com tanta assertividade. Não despejávamos nosso dinheiro em ditaduras latino-americanas e africanas. Nunca! Estávamos sempre ao lado daqueles que, como nós, praticavam e defendiam a democracia. Éramos justos.

O Brasil chegou perto de livrar-se da violência, assim, em apenas 13 gloriosos anos. Os índices de criminalidade foram os menores da história. Os roubos de celular eram contados nos dedos de uma mão. A taxa de homicídios despencou, o tráfico de drogas foi sufocado. As leis contra os bandidos endureceram, a impunidade foi praticamente banida, as forças de segurança foram valorizadas. Éramos fortes.

Ninguém passava fome. Todo mundo tinha acesso a bons serviços de saúde, tinha uma casa, um apartamento, um cantinho decente. E tinha água tratada, rede de esgoto. Nesses 13 anos, o mar, os rios, os lagos e as lagoas foram

OS DESASTRES ANUNCIADOS E CONSUMADOS | 243

salvos. A poluição sumiu. O desmatamento foi interrompido. Nenhuma mineradora provocou destruição e mortes. Não havia garimpo ilegal. Os índios eram chamados de índios e viviam saudáveis e felizes. Éramos do bem.

Entre 2003 e 2016, o Brasil esteve muito perto da perfeição, abrindo mão de ideias antiquadas, que nunca funcionaram e nunca funcionarão. Seguíamos o ensinamento do "tempo que o mundo já viveu". Nesse período, o Brasil foi moderno, foi exemplo. O país tinha compromissos sérios, que representavam estabilidade. Tínhamos paz, segurança, paciência, um caminho para a felicidade, mas aí veio o golpe, e o Brasil afundou. Sim, éramos uma grande mentira. E agora voltamos a ser.

99. TUDO POR UM BEM MAIOR

[02/02/2023]

A democracia saltitou no plenário do Senado. Abraços apertados, beijinhos... Foi a comemoração anedótica, cheia de piadas e gracinhas, dos altruístas, dos patriotas, de quem só pensa no Brasil e nos brasileiros. Não haverá, como temia a imprensa, "solavancos democráticos". Foi garantido o asfalto do caminho para um pensamento único, sem freios e sem contrapesos. Estamos livres da "doença institucional", que jornalistas temiam que se alastrasse.

Ninguém viu fisiologismo, distribuição de cargos, promessa de entrega do comando de comissões importantes. Ninguém viu mordomias asseguradas, verba aumentada para isso, para aquilo. Não, não houve, nem no Senado, nem na Câmara. E um ministro petista garantiu que o governo "não interferiu em absolutamente nada" no processo eleitoral nas duas Casas. Ressaltou que "não é prática do presidente Lula querer fazer uma intervenção no Congresso Nacional". É verdade, Lula não se envolveria nisso... Ele nunca soube, por exemplo, da existência do mensalão, ele nunca soube de nada.

Teve jornalista publicando que ministros do STF entraram na campanha pela reeleição de Rodrigo Pacheco no Senado. Será? A turma achou a informação normal, mesmo que os magistrados não possam exercer atividade político-partidária. Claro, vale tudo em defesa da democracia, para conter atos golpistas e antidemocráticos. Você pode censurar, banir, perseguir, prender, contra tudo o que está escrito, pisoteando o processo legal. Você pode inventar inquéritos, reinventá-los indefinidamente. Você pode interpretar ou criar tipificações criminais e nelas enquadrar quem quiser.

Você pode chamar qualquer um de golpista, de terrorista. Você pode proibir até manifestações pacíficas e ordeiras, pode relativizar a livre expressão, desrespeitar o Legislativo. As leis que já existem, de que nos servem se não podem garantir a democracia? Então, você pode afastar governador, não ver a culpa federal, monumental, ignorar evidências, indícios, fatos. Você pode ver o produto do roubo e dizer que não houve roubo. Você pode ter "provas sobradas", confissões, acordos de leniência, condenações em três instâncias, com pena aumentada, e ver um probleminha com o código de endereçamento postal.

Extremista, golpista, terrorista, fascista e genocida, Rogério Marinho deve ser mesmo tudo isso. Que bom que a democracia venceu, e o quebra-quebra das leis pode continuar. É tudo por um bem maior. E seguimos, nessa atmosfera linda de harmonia e independência entre os Poderes. O Congresso não é pequenino, submisso, não se entregou, não está em frangalhos, não será nem governista, nem de oposição, trabalhará pelo Brasil. Rodrigo Pacheco já decretou: "a democracia está de pé". E o Senado está de quatro, abanando o rabinho.

100. LULA, IMPRENSA E MENTIRAS

[09/02/2023]

Lula aprendeu com a mãe que a mentira é poderosa. Andou pelo mundo mentindo e recebendo aplausos. Agora, voltou com tudo, escoltado por uma imprensa que também entrou nessa de inventar histórias, de criar narrativas, desprezando os fatos, o mundo real. Há um comportamento sistemático de jornalistas, já faz algum tempo, parecido com o de Lula, "a alma mais honesta do mundo". Deixaram de ser observadores, curiosos, desconfiados, perderam o senso crítico, desistiram de perguntar, de questionar, de duvidar. As maiores mentiras já não são rebatidas, podem ser apenas ignoradas, ou confusamente atenuadas, editadas de forma militante, recriadas, lançadas como a mais pura verdade aos leitores de manchetes. Lula e grande parte da imprensa podem chamar quem quiserem de terroristas. Não importa se a lei estabelece que terrorismo é a prática de atos de destruição, por uma ou mais pessoas, motivada por xenofobia, ou qualquer forma de discriminação, de preconceito... Não há referência a questões políticas, ideológicas, mas Lula e seus jornalistas estão autorizados por eles próprios a escolher como classificar os outros. Podem tratar como democratas aqueles que pensam como eles e como terroristas, golpistas, extremistas, nazistas, fascistas e genocidas todos os que pensam de forma diferente. Resolveram dividir a humanidade a partir de critérios insanos, absurdos, risíveis até. Esqueceram que a separação deveria se

OS DESASTRES ANUNCIADOS E CONSUMADOS | 247

dar entre os que têm caráter e os que não têm, entre honestos e desonestos, entre a verdade e a mentira.

É um achincalhe, um escárnio, um escracho, quase tudo com o aval da imprensa. São bobagens em série, delírios... A Argentina vai muito bem economicamente? Claro. Uma inflação de quase 100% ao ano só existe mesmo na cabeça dos desatentos, de quem é dado a alucinações, invencionices. Se Alberto Fernández disse, está dito. Ele não veio dos índios, ele não veio da selva, ele veio da Europa, é um ser superior, mas quer uma moeda única com o Brasil e o dinheiro do BNDES... Lula já anunciou que vai derramar recursos do banco em ditaduras de companheiros. O calote contra o Brasil, mesmo tendo começado em 2018, é culpa do Bolsonaro. Sumiram as infectas agências de checagem, não há mais manchetes sobre mentiras presidenciais. Agora, há coisas assim: "Lula acertou sobre BNDES, apesar de ter errado"; "Teve calote, mas BNDES financiar obras em outros países é, sim, bom negócio".

O *impeachment* de Dilma Rousseff foi golpe. Michel Temer é golpista. Ele reage com elegância, com argumentos, mas não une seu partido contra as mentiras. Então, um golpe de verdade é chefiado por Lula e apoiado por jornalistas amigos, alinhados ao governo, mas que se tratam como "independentes". É assim: independentemente da bobagem que Lula engendrar, a turma o apoia. Acabar com a autonomia do Banco Central, com o sistema de metas de inflação, derrubar a taxa de juros por vontade "política"... Falam em exonerar o presidente do BC com a maior tranquilidade. São jornalistas parciais, partidários, passionais, que ignoram todos os lados da história. E eles sabem, sim, que os países com bancos centrais independentes têm taxas de inflação menores, mais estabilidade, mais crescimento, mais desenvolvimento.

101. A GANGUE DO QIN E UMA LISTA DE MALVADOS

[09/03/2023]

di Amin Dada. Eu achei o nome engraçado. Eu era criança. Ouvi na tevê, ouvi os adultos falando. Achei engraçado, mas durou pouco. Um nome que soava como o tatibitate dos bebês, mas um homem odiável. Foi meu pai quem disse, eu me lembro como se fosse hoje: assassino sanguinário, déspota, tirano. As sílabas tônicas bem marcadas. Eu nem precisei abraçar o pesado dicionário. Sabia do que se tratava. Idi Amin Dada me assombrou por um bom tempo e abre minha lista de malvados reais.

Muamar Kadafi teve boa relação com Dada, mas nunca me enganou. Eu me lembro do líbio no noticiário, nada de bom perto dele. A excentricidade dos maus. As imagens falavam por si. E a turma da malvadeza do Oriente Médio aterrorizou o mundo por muito tempo... O aiatolá Khomeini governou o Irã, eliminando seus opositores, enquanto eu passava da adolescência para a juventude. O iraquiano Saddam Hussein foi executado quando eu já andava nos 40 anos de idade.

O comunista cambojano Pol Pot também tinha um nome que não me assustava. Era sonoro, curto, leve, quase brincalhão. Na minha meninice, eu tinha essa impressão, mas, antes de eu nascer, Pol Pot já estava pronto para a matança. E perseguiu e eliminou muita gente, pelo menos 1,5 milhão de pessoas. Juntou-se aos assassinos que sempre

OS DESASTRES ANUNCIADOS E CONSUMADOS | 249

me atormentaram: Stalin, Hitler e Mao Tsé-tung. As mortes aos milhões, minha família devastada na Alemanha, a dura compreensão de que sempre haverá muita gente sem coração no poder.

Fidel Castro e Che Guevara até hoje enganam os trouxas, quem quer ser enganado. Criaram campos de concentração, torturaram, executaram, fuzilaram. E andam em camisetas, bonés, bandeiras e discursinhos alucinados de revolucionários, adoradores de guerras. A América Latina insiste nessa gente: Hugo Chávez, Nicolás Maduro, Daniel Ortega... Os maus e seus disfarces malfeitos, suas mentiras insistentes, as pedras no peito, o ódio tomando conta de tudo, a malvadeza inquebrantável, perpétua.

Com Daniel Ortega estive uma vez. Eu tinha 23 anos, começava minha carreira de jornalista. Fui escalado pela TV Bandeirantes para produzir a entrevista que o experiente comentarista Newton Carlos faria com o presidente nicaraguense. Ortega estava hospedado num hotel de luxo em Copacabana. Um andar inteiro do hotel tinha sido interditado. Havia muitos seguranças mal-encarados nos corredores, na enorme suíte de Ortega, na qual a entrevista foi feita. Não consegui localizar essa gravação. Eu era jovem, mas o sandinista nunca me enganou: sempre esteve na minha lista de malvados.

Infelizmente, o mundo continua caminhando mal, agora ouvindo que o "farol de força e estabilidade" é a aliança entre a China, de Xi Jinping, e a Rússia, de Vladimir Putin. O novo ministro chinês das Relações Exteriores afirma que a "fonte de tensão e conflito" são os Estados Unidos e seus aliados... O nome dele é Qin Gang, e o recado é: "se os americanos continuarem acelerando no caminho errado, haverá confronto"... E, se chegarmos a isso, é fácil saber de que lado vão ficar Irã, Cuba, Venezuela, Nicarágua, as ditaduras africanas... E me dói muito, nessa minha incômoda lembrança de tantos déspotas, imaginar de que lado vai ficar o Brasil do PT.

CONFIRA TAMBÉM

"Cartas de Elise", sucesso literário e biográfico de **Luís Ernesto Lacombe**

À VENDA NAS MELHORES LIVRARIAS

Acompanhe a LVM Editora nas Redes Sociais

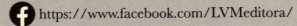 https://www.facebook.com/LVMeditora/

https://www.instagram.com/lvmeditora/

Esta edição foi preparada pela LVM Editora
com tipografia Baskerville e DINPro,
em maio de 2023.